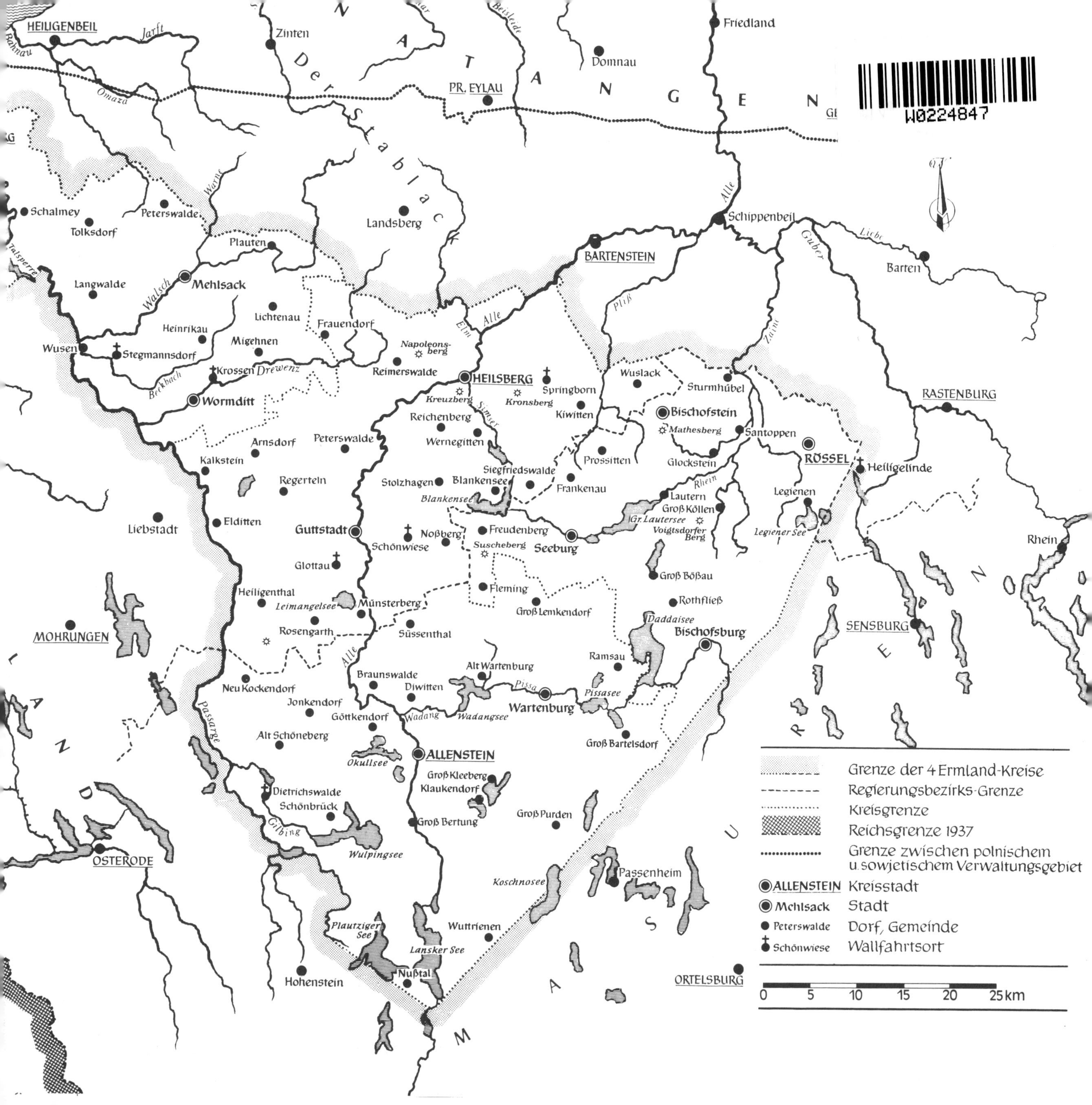
HEILIGENBEIL
Zinten
Friedland
Domnau
PR. EYLAU
N A T A N G E N
Der Stablack
Jarft
Omaza
Schalmey
Tolksdorf
Peterswalde
Plauten
Landsberg
Schippenbeil
Alle
BARTENSTEIN
Barten
Liebe
Guber
Langwalde
Mehlsack
Walsch
Warne
Lichtenau
Heinrikau
Frauendorf
Migehnen
Wusen
Stegmannsdorf
Krossen
Drewenz
Napoleonsberg
Reimerswalde
Wormditt
HEILSBERG
Elm
Springborn
Kreuzberg
Kronsberg
Wuslack
Sturmhübel
Bischofstein
Mathesberg
Kiwitten
Reichenberg
Simser
Santoppen
RÖSSEL
RASTENBURG
Arnsdorf
Peterswalde
Wernegitten
Prossitten
Glockstein
Kalkstein
Regertein
Stolzhagen
Blankensee
Siegfriedswalde
Frankenau
Heiligelinde
Legienen
Lautern
Groß Köllen
Rhein
Gr. Lautersee
Voigtsdorfer Berg
Legiener See
Liebstadt
Elditten
Guttstadt
Schönwiese
Noßberg
Freudenberg
Suscheberg
Seeburg
Glottau
Groß Bößau
Fleming
Heiligenthal
Leimangelsee
Münsterberg
Groß Lemkendorf
Rothfließ
Daddaisee
MOHRUNGEN
Rosengarth
Süssenthal
Bischofsburg
SENSBURG
Alt Wartenburg
Ramsau
Braunswalde
Diwitten
Pissa
Pissasee
Neu Kockendorf
Jonkendorf
Göttkendorf
Wadang
Wadangsee
Wartenburg
Passarge
Alt Schöneberg
Groß Bartelsdorf
Okullsee
ALLENSTEIN
Groß Kleeberg
Klaukendorf
Dietrichswalde
Schönbrück
Groß Purden
Groß Bertung
Gilbing
Wulpingsee
OSTERODE
Passenheim
Koschnosee
Plautziger See
Wuttrienen
Lansker See
Hohenstein
Nußtal
ORTELSBURG
O B E R L A N D
M A S U R E N
Grenze der 4 Ermland-Kreise
Regierungsbezirks-Grenze
Kreisgrenze
Reichsgrenze 1937
Grenze zwischen polnischem u. sowjetischem Verwaltungsgebiet
ALLENSTEIN Kreisstadt
Mehlsack Stadt
Peterswalde Dorf, Gemeinde
Schönwiese Wallfahrtsort
0 5 10 15 20 25 km

Georg Hermanowski

DAS ERMLAND

Im Herzen Ostpreußens

Georg Hermanowski

DAS ERMLAND

Im Herzen Ostpreußens

Mit 72 farbigen Großfotos

FLECHSIG

Umwelthinweis:
Dieses Buch und der Umschlag wurden auf chlorfrei
gebleichtem Papier gedruckt.
Die Einschrumpffolie – zum Schutz vor Verschmutzung –
ist aus umweltverträglichem und recyclingfähigem PE-Material.

Titelbild: Heilsberg, am Einfluß der Simser in die Alle
Vorsatz: Ernst R. Döring (vorne) Jozo Džambo (hinten)
Federzeichnungen von Johannes Hinz

Sonderausgabe für Flechsig-Buchvertrieb
Genehmigte Lizenzausgabe für Verlagshaus Würzburg GmbH & Co. KG, Würzburg

Originalausgabe: Adam Kraft Verlag, Würzburg
Gesamtherstellung: Egedsa, Sabadell
Printed in Spain 2000
ISBN 3-88189-353-9

MEIN ERMLAND

„Ich blick' vom hohen Uferberg
weit übers Frische Haff hinaus,
unserer Lieben Frauen Burg –
im ganzen Land ihr schönstes Haus!"

So besang Agnes Miegel „des Ermlands rote Schlüsselburg", den Frauenburger Dom. Den Kranz der spitzen Türmchen verglich sie mit einer Monstranz, nannte den Wald ringsum einen „säulenhellen Buchensaal".

Hier stand einst Nicolaus Coppernicus, gebot der Sonne: „Steh still in deinem Lauf!" – Frauenburg, verträumtes kleines Städtchen mit niedrigen Häusern und engen Straßen, dessen fromme Bürger „gut" unterm Hirtenstab der ermländischen Bischöfe lebten. Bauernland Ermland, ländlichste aller Diözesen; Kornkammer Deutschlands, einst Fürstbistum, von dessen Residenzschloß zu Heilsberg seit 1350 autonome Fürstbischöfe regierten. Land, das auch über die Zeiten der Reformation hinweg, in denen die Brüder ringsum vom alten Glauben abfielen, katholisch geblieben, eine umfangreiche Diaspora betreute, in der zuletzt mehr als ein Drittel der Gläubigen lebte.

Ermland – über siebenhundert Jahre sind vergangen, seit dieses Land unters Kreuz gestellt wurde, mehr noch unter den Mantel der Lieben Frau.

„Sie kamen von Flandern, sie kamen vom Niederrhein,
von den Hohen Tauern und aus der Goldenen Au.
Sie strömten, harrendes Land, in dich hinein
wie der Same des Mannes in den Schoß der Frau."

Sie bauten aus rotem Backstein Burgen und stolze Kirchen, zogen feste Mauern um ihre Städte und bestellten das hügelige Land, schufen jenes Erbe, dem wir heute nachtrauern, das unvergeßliche. Viel Blut hat der Boden getrunken, mit dem uns Erinnerung verbindet, der uns Heimat war.

Wir kamen vom Haff... die Prozession der Domherren zog farbenprächtig zur Kirche, in der der Bischof drei junge

Intarsia am Domgestühl in Frauenburg

Priester weihte. Die Glocken des Doms, des kleinsten, den wir kannten, der kleinsten deutschen Kathedrale, läuteten schwer. Durch das Portal im Westgiebel betraten wir das schmale gotische Mittelschiff.

Nach dem feierlichen Amt standen wir vor dem vierkantigen Coppernicus-Turm, den der große Gelehrte, „der größte und wirkungsvollste Entdecker aller Zeiten" – wie Goethe ihn genannt – einst bewohnt, in dem er gearbeitet hat. Ehrfürchtige Stille ringsum. Innerhalb der Mauern der Domburg vollzog sich Weltbewegendes im wahrsten Sinne des Wortes.

Nach Braunsberg war es nicht mehr weit. Hier hat Regina Protmann das Mutterhaus der Schwestern von der heiligen Katharina gegründet, die so segensreich in unserer Heimat wirkten. Wieder umgab uns Kleinstadt: der Marktflecken unter dem wolkenschweren Himmel, einen Katzensprung vom Brausen der Ostsee entfernt. Die stolze Pfarrkirche – sie steht nicht mehr; einsam, von Obstbäumen gesäumt die alten Straßen, grünes, schlafendes Land. Hier hat Kardinal Stanislaus Hosius das alte Steinhaus gegründet, die Bildungsstätte

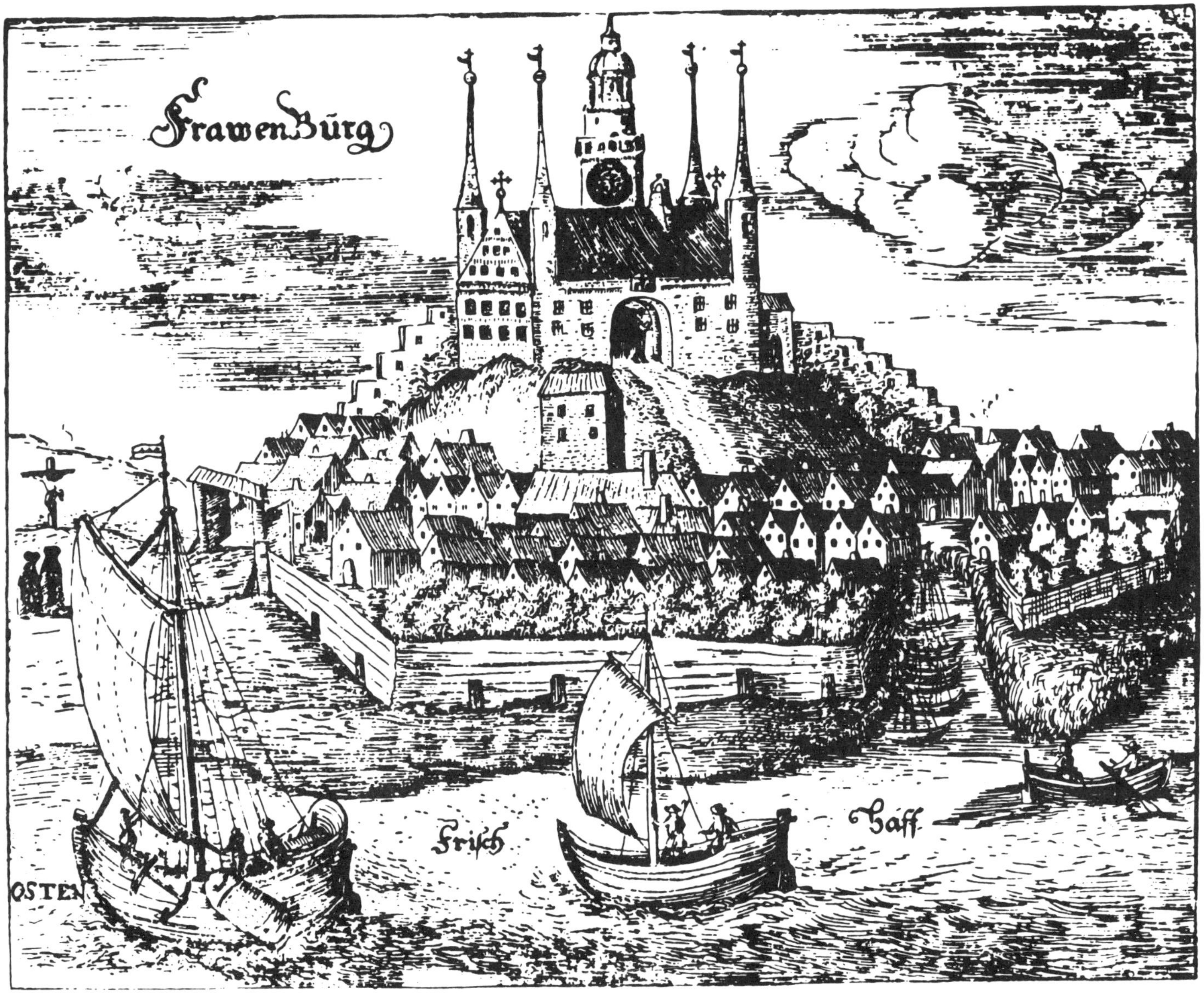

Frauenburg

ermländischer Priester; hier erstand später das Weiße Haus, eines der modernsten Priesterseminare, von dessen flachem Dach das Kreuz der Erlösung winkte.

LAND OHNE ORDENSBURGEN

Vergebens sucht man im Ermland nach Ordensschlössern. Heilsberg und Rößel sind bischöfliche Burgen; Allenstein und Mehlsack hat das Domkapitel erbaut.
Heilsberg, das größte Schloß im Ermland, in preußischer Zeit arg verwahrlost, wurde – später restauriert – der Jugend als Schlüsselburg anvertraut. Hier schlug das Herz des Landes, hier pulste sein Leben!
Viele besuchten Allenstein wegen der Aufzeichnung an der Wand des Schloßzugangs, von Nicolaus Coppernicus mit eigener Hand geschaffen. Steil fallen die Mauern zur Alle ab; eine Zugbrücke führte zum Schloßhof. Dieses „festeste aller Schlösser" hat Nicolaus Coppernicus gegen die Söldner des Ritterordens zur Verteidigung gerüstet; ihm verdankt die Burg, daß sie die Jahrhunderte im alten Glanz überstand. Ein breiter Weg führt zu St. Jakobs altem Haus, einer der größten und trutzigsten Pfarrkirchen des Ermlands; heute zur Kathedrale erhoben an der Diözese jüngstem Bischofssitz. Glasfenster in glühenden Farben warfen Sonnenlicht und dunkle Schatten ins Hochschiff, in das ein gewaltiges Kreuz von der gewölbten Decke herabhängt – und ein Doppelleuchter Unserer Lieben Frau. Unter den Stern- und Netzgewölben knieten die Menschen der Altstadt, denen dieses Gotteshaus Geborgenheit versprach.
Und es kamen die Sommermonate, in denen die großen Wallfahrten auszogen, zu Fuß, später mit Autobussen und Zügen, zu den Barockkirchen nach Krossen, nach Springborn, nach Heiligelinde; vor allem nach Heiligelinde, zur hilfreichen Frau, die einst Kindern in einer Linde erschienen, um die das fromme Volk eine Kirche gebaut hatte, die Linde, die man im hohen Schiff immer noch sieht. Juwel aus Gold und Silber, inmitten grüner Wälder, am blauen See, weitab von der Bahn, so daß jeder die „letzte Strecke" als Pilger zurücklegen mußte.
In Springborn thronte die Friedenskönigin, umhegt und betreut von emsigen Franziskanern, die den Geist ihres Ordensstifters, des Heiligen der Liebe und der Armut, zu wahren suchten.
Zwölf waren es an der Zahl – wie bei den Aposteln. Als die „Runde" vollzählig war, gründeten Bischof und Domkapitel keine Städte mehr.
Wormditt, die Trutzige im Herzen des Landes, war von Schlesiern erbaut, wahrte deren Sitte und Eigenart. Der massige Kirchturm, das Storchennest auf dem Rathausdach galten weit und breit als Wahrzeichen. Dort saßen wir gemütlich beim Bärenfang oder tranken Gerstenbier, das nirgends so gut schmeckte wie hier. Wir warteten auf den Zug oder den Wagen, gingen zur Landstraße hinaus, denn Stadt

Allenstein, St. Jakobi

Burg Rößel

und Land hatten hier einen engen Bund geschlossen. In allen Städten lebten Ackerbürger, selbst in den größten. Doch, was heißt schon „größten", wenn die größte erst in jüngster Zeit die 50.000 Marke erreicht hatte.
Idyllisch schlummerte Rößel um das malerische Schloß. Von Bränden immer wieder heimgesucht, verrät die Geschichte der Stadt, daß dieses Land nicht nur friedliche Zeiten gekannt hat. Pest und Hussitengreuel fegten über das Ermland hinweg, drückten ihm ihr unauslöschliches Siegel auf. Pestkreuze und Wegkapellen künden von großer Not. Gelübde, von Urvätern abgelegt, erfüllten Kindeskinder pünktlich Jahr um Jahr.

GOLDENE TAGE AM OSTSEESTRAND

Schön war das Land; Natur, Bauten und Menschen bildeten eine Einheit über Jahrhunderte hinweg. Über ein halbes Jahrtausend im gleichen Herrscher- und Hüterstand, zählte es mit unveränderten Grenzen zu den beständigsten Dynastien in der Geschichte.

Schön waren selbst die Tage, die wir, vom Reich abgeschnitten, auf der „Insel Ostpreußen" – in deren Herz das Ermland lag – verbrachten. Durch den „polnischen Korridor" mußten wir reisen, wenn wir die bayerischen Berge oder den Rhein sehen wollten, die Nordsee oder den Harz. Aber, was sollten wir dort? – hatten wir doch unsere Ostsee, unser Ferienparadies.
Die Frische Nehrung war dem Ermland vorgelagert; von Frauenburg war es nur ein Sprung nach Kahlberg, wo wir manch einen Sommer verbrachten, am hellen Strand mit den kleinen weißen Muscheln und den sich im Sande versteckenden Bernsteinbröckchen, die wir eifrig sammelten, um mit ihnen kleine Kästchen zu schmücken.
Wem es nicht vergönnt war, den Sommer an der See zu verbringen, der ging – meist zu Verwandten – aufs Land. Uralte Höfe, durch Generationen vererbt, wahrten Familiensinn und stolze Brauchtumstradition. Seit altersher waren die Ermländer Bauern gewesen; auf dem Lande hatte sich dieser „zusammengewachsene" Menschenschlag am „reinsten" erhalten. Man rühmte ihre Sparsamkeit und Bescheidenheit; doch sie feierten Feste, zu denen die ganze Sippe geladen war: Zärm, Kindtaufe, Hochzeit, Erstkommunion.
In unberührter Natur wiederholte sich Jahr für Jahr das Wunder der weißen Weihnacht. Auf den entlegensten Höfen brannten Kerzen am Christbaum; über die tiefverschneiten Felder zogen Sankt Nikolaus und der Schimmelreiter, pilgerten alt und jung oft viele Kilometer weit durch die eisesstarre Nacht zur Christmette.
Tage der Not bescherte den Ermländern der Zweite Weltkrieg: Vierhunderttausend wurden heimatlos. Fromme Menschen, die Sonntag für Sonntag in festlichen Kleidern ihre Kirchen besucht hatten, erwarteten zerlumpt und verstaubt den Kapellenwagen, zu dem sie oft meilenweit pilgern mußten. Viele fanden im Westen eine neue Heimat; die zu Hause geblieben waren, mußten harte Zeiten über sich ergehen lassen, Zeiten des Zwanges und der Verständnislosigkeit.

Ermland – Gottes zerstreute Herde, deren letzter Hirte wie ein Heiliger auf der Suche nach seinen verlorenen Schafen starb.
Das Leben jedoch ging weiter. Neue „Siedler" strömten – diesmal von Osten her kommend – ins Land; Zerstörtes bauten sie wieder auf, richteten sich vorerst notdürftig ein, im Ungewissen, ob sie hier eine Bleibe finden würden. Menschen darunter, die ihre Heimat hatten verlassen müssen – wie wir. Viel Land liegt noch immer brach in einer der einstigen Kornkammern des Reiches.
Auch die neuen Bewohner halten, wie einst die alten, der Lieben Frau die Treue, unter deren Mantel das Land weiterhin lebt und leben wird. Das „warme" Land, das „arme" Land will allen Kindern Mutter sein.
Land, das uns Heimat war, wir werden dich nie vergessen. Einer deiner treuesten Söhne, der Dichter Otto Miller, schlug ihn an, den „dunklen, tiefen Grundakkord":

„In deinem Herzen liegt es eingebettet,
tief und warm.
An deine Heimat bist du festgekettet,
auch wenn sie arm!"

IN PRUSSISCHER ZEIT

Ehe das Fürstbistum Ermland entstand, war das Land von den Prussen, einem Zweig der baltischen Völkergruppe, bewohnt, über deren Sitten und Anschauungen wir aus zeitgenössischen Quellen nur wenig erfahren. Erst die Ordenschronik des Peter von Dusburg aus dem ersten Viertel des 14. Jahrhunderts verrät einiges, doch ist diese unter dem Blickwinkel des Deutschen Ordens geschrieben.
Die Prussen hatten kein Oberhaupt. Sie lebten in zwölf Gauen, die aus Familienverbänden bestanden, als freie Bauern meist in Dorfgemeinschaften oder auf Einzelhöfen, pflegten Ackerbau und Viehzucht und zeigten eine besondere Liebe zum Pferd. Städte kannten sie nicht, dafür aber Handelsplätze.
Ihre Haupttugenden waren Freiheits- und Friedensliebe, Gastlichkeit und tiefe Religiosität. Sie verehrten die Natur, kannten jedoch persönliche Gottheiten. Es gab einen Priesterstand und heilige Haine. Die Prussen glaubten an ein Fortleben nach dem Tode und ehrten die Toten durch den Zärm.
Einen gewissen Wohlstand verdankten sie dem Bernstein und den Pelztieren.
Da sie seitens ihrer Nachbarn ständig Grenzüberfälle befürchten mußten, schützten sie sich. Öfters kam es zu Auseinandersetzungen, vor allem als Fremde ihnen den Christengott brachten.
Einen ersten Bekehrungsversuch unternahm der Sproß eines tschechischen Fürstenhauses, mütterlicherseits ein Verwandter der Ottonen, Wojtjech, als Adalbert von Prag bekannt, im Jahr 997. Unter dem Einfluß der asketisch-missionarischen Gedankenwelt des Klosters St. Bonifatius und Alexis auf dem Aventin in Rom zog er zur Prussen-Mission aus. Nach Erfolgen in Danzig erreichte er mit zwei Begleitern über das Frische Haff die prussische Küste, wirkte – der prussischen Sprache nicht mächtig – eine Woche lang im Prussenland und

Adalbertskreuz in Tenkitten

Hermann von Salza

erlitt am 3. April 997 in der Nähe von Fischhausen den Märtyrertod. Nach anderer Version soll er – über Truso kommend – zwischen der Nogat und der Elbinger Weichsel erschlagen worden sein.
Der zweite, ebenfalls gescheiterte Missionierungsversuch ging vom selben Kloster auf dem Aventin in Rom aus. Der in der Missionsarbeit erfahrene und vom Papst zum „Erzbischof der Heiden" ernannte, einem altthüringischen Grafengeschlecht entstammende Brun von Querfurt begann seine Arbeit vom Süden her. Vom Hofe Boleslaw Chrobrys brach er ins Gebiet der Sudauer auf, wo er nach anfänglichem Erfolg am 9. März 1009 mit seinen achtzehn Gefährten den Märtyrertod fand.
Nach diesen beiden fehlgeschlagenen Versuchen ruhte zwei Jahrhunderte lang jedes weitere Unterfangen, diese „heidnische, höchst unbändige Nation" – wie Gallus Anonymus die Prussen nannte – zu Christen zu bekehren.

Im Jahr 1210 übertrug Papst Innozenz III., dem die Bekehrung der Heiden im Osten besonders am Herzen lag, die bischöflichen Pflichten im Missionsgebiet dem Bischof von Gnesen. Damals muß es am Rande des Prussengebietes schon „Bekehrte" gegeben haben, denn der Papst verbot 1212 den Herzögen von Polen und Pomerellen, „die Neubekehrten in Preußen mit Frondiensten zu belasten". 1215 ernannte der Papst den Zisterziensermönch Christian zum ersten Bischof von Preußen und unterstellte ihm den ganzen „Bekehrungsbereich".
Die Prussen widersetzten sich. 1216 kam es zu einer für sie erfolgreichen Erhebung, worauf Papst Honorius III. zum Kreuzzug aufrief und diesen einem Kreuzzug ins Heilige Land gleichstellte. Sein Aufruf fand jedoch kaum Widerhall. So entschloß sich Konrad von Masowien im Winter 1225/26, den Deutschen Orden zu Hilfe zu rufen. Der 1198 endgültig vor Akkon gegründete, 1199 durch päpstliche Bulle mit dem schwarzen Kreuz auf weißem Mantel belehnte Orden schenkte dem Ruf unter seinem vierten Hochmeister, dem Thüringer Hermann von Salza, Gehör, sah er doch darin eine einmalige Gelegenheit, seinem Grundsatz, „die Ehre der Kirche und des Kaiserreiches zu lieben und nach beider Erhöhung zu streben", gerecht zu werden. Der Missionsgedanke verband sich bei Hermann von Salza von der ersten Stunde an mit dem Staatsgründungsgedanken; die Ausbreitung des Gottesreiches sollte durch die Besiedlung des Neulandes im Osten mit dessen Inbesitznahme Hand in Hand gehen.

DER ORDEN BRICHT AUF

Ehe Hermann von Salza, ein kluger Staatsmann, der seinen Fuß nie auf prussischen Boden gesetzt hat, Bruder Hermann Balk mit sieben Ordensbrüdern und einer Schar Kreuzfahrer – Kaufleuten, Handwerkern, Bauern, Abenteurern – gen

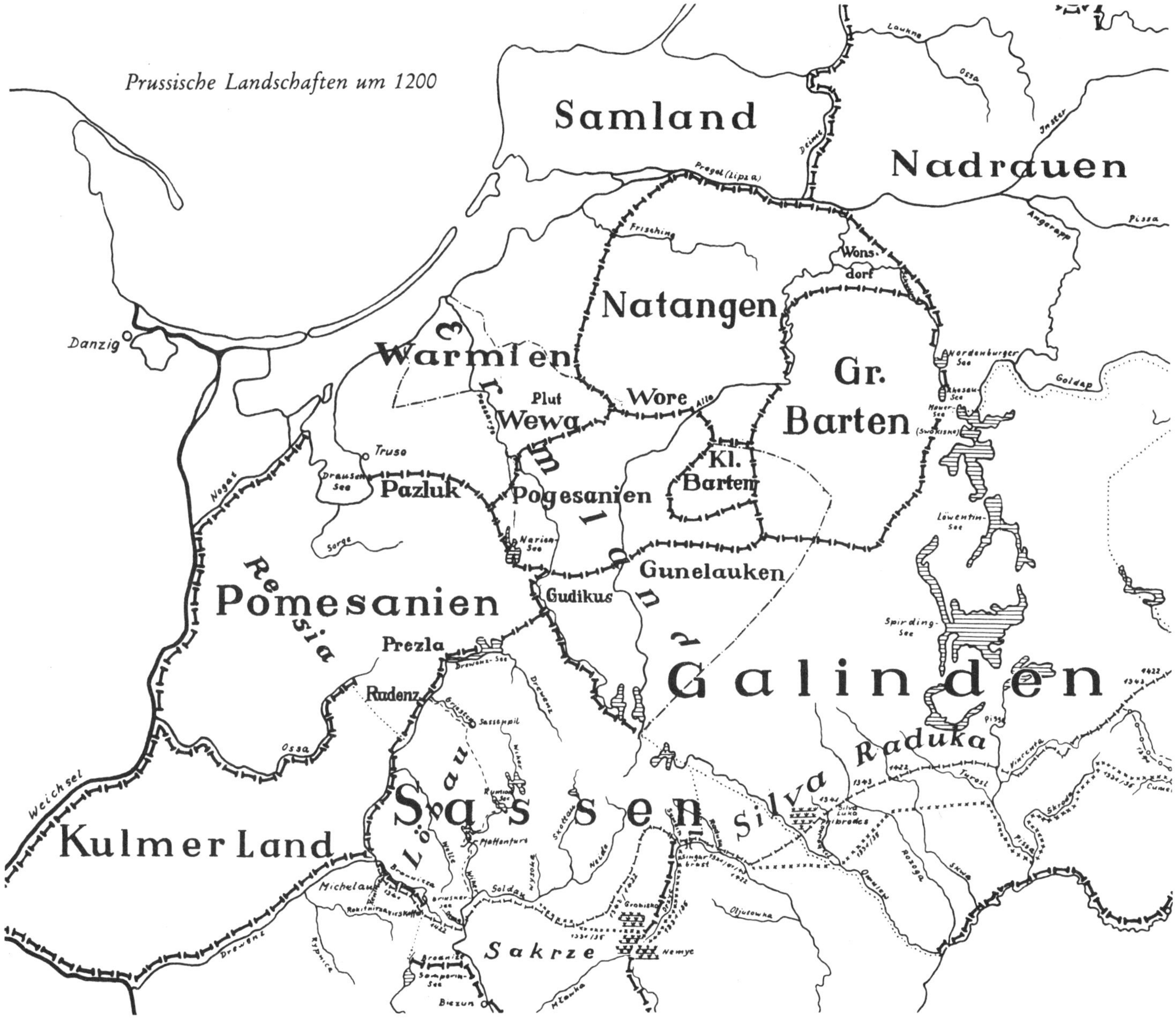

Prussische Landschaften um 1200
Samland
Nadrauen
Natangen
Warmien
Gr.
Barten
Wons-
dorf
Plut
Wewa
Wore
Pazluk
Pogesanien
Kl.
Barten
Gunelauken
Gudikus
Pomesanien
Prezla
Rudenz
Galinden
Sassen
Kulmer Land
Sakrze
Silva Raduka
Danzig
Truso
Weichsel
Nogat
Ossa
Pregel (Lipza)
Deime
Alle
Frisching
Angerapp
Pissa
Goldap
Inster
Drewenz
Spirding-See
Löwentin-See
Remesia
Löbau
Michelau
Nemyc
Biezun

Burg Heilsberg

Osten schickte, sicherte er sich rechtlich zum Kaiser wie zur Kirche hin ab.
Kaiser Friedrich II. gab ihm die „Besitzgarantie“ und die Genehmigung zur Staatsgründung bereits im März 1226 in der Goldenen Bulle von Rimini. Die Verhandlungen mit Bischof Christian dagegen waren schwieriger, denn dieser hatte erkannt, daß die „Kreuzzugsidee“ des Ordens – gegen die „Verächter Christi“ als milites (Ritter) zu Felde zu ziehen – hier nicht am Platze war, da die Prussen Christus gar nicht kannten und somit auch nicht verachten konnten.
Auch hatte er erkannt, daß das „Bodenregal“ hier versagte, war doch das Prussenland kein herrenloses Land, sondern von einem „Kulturvolk“ bewohnt, so daß eine „staatsrechtliche Grundlage“ im Sinne des Ordens kaum geschaffen werden konnte. Er versagte daher 1228 seine Zustimmung. Das war wohl der Grund, warum der Papst 1229 einen „besonderen Legaten“, Wilhelm von Modena, einen in dieser Hinsicht sehr erfahrenen Mann, ins Prussenland schickte.
1233 geriet Bischof Christian in samländische Gefangenschaft. Als er 1238 nach Rom zurückkehrte, wurde er vor vollendete Tatsachen gestellt. Der Papst hatte 1234 in der Bulle von Rieti dem Orden das neueroberte Land „zum ewigen Besitz“ übertragen. Der Protest des Prussenbischofs wurde überhört; zwei Jahre nach der kirchlichen Neueinteilung wurde ihm 1245 die Übernahme eines der neuen Bistümer angeboten; doch er lehnte ab.
Bruder Balk hatte 1231 die Weichsel überschritten und, nachdem er Thorn und Kulm als Ausgangspunkte für die Prussenmission befestigt, sein Eroberungs- und Missionierungswerk begonnen. Er ließ das Schwert und das Kreuz sprechen und gab dem Handelsgeist freie Zügel.
Durch die Vereinigung mit dem livländischen Schwertbrüderorden gelang es dem Deutschen Orden, bis 1241 einen großen Teil des inneren Prussenlandes zu unterwerfen: Pomesanien, Pogesanien, Natangen und Barten, und seine Eroberungen durch die Anlage von Burgen und Städten wie die Zuführung von Siedlern zu sichern. Das freie Volk der Prussen wehrte sich gegen diese Unterwerfung, zumal die Ordensritter den Kampf mit aller Härte führten. Ihr Ziel war: Unterwerfung oder Tod. Es ging dem Orden vor allem darum, Lebensraum für die Siedler zu schaffen, die er als „zuverlässigere Vasallen“ aus dem längst christlichen Westen „gen Ostland reiten“ hieß.
Weder Hermann von Salza noch sein Landmeister Hermann Balk konnten die Früchte ihres Lebenswerks ernten. Beide starben 1239, der eine im westlichen Deutschland, der andere im fernen Salerno.

GRÜNDUNG DES FÜRSTBISTUMS

Zwar hatte Papst Gregor IX. dem Deutschen Orden das

Prussenland 1234 in der Bulle von Rieti übertragen, die kirchliche Ordnung aber sich selbst vorbehalten. So wurden am 29. Juli 1243 durch die Teilungsurkunde von Anagni vier Bistümer geschaffen: Kulm, Pomesanien, Ermland und Samland. Papst Innozenz IV. bestätigte diese Regelung am 8. Oktober 1243.

1250 wurde in päpstlichem Auftrag der Deutschordenspriester Anselm aus den Landen der Krone Böhmens, vielleicht aus Schlesien, vom Kardinallegaten Peter von Albano zum Bischof von Ermland ernannt und geweiht. Er wählte am 27. April 1251 „das ihm zustehende Drittel" aus. Dem Bistum fehlte noch der spätere Südwestteil; dieser kam bei der Zweiten Teilung zwischen Orden und Bischof gemäß der Landnahme des Ordens im Prussenland hinzu. Am 27. Dezember 1254 einigte man sich über die Grenzen des Südwestteils. Die neue Grenzziehung bestätigte Papst Alexander IV. am 10. März 1255 in Neapel. Eine letzte, endgültige Regelung sollte am 29. Juli 1374 getroffen werden; seitdem sind die Grenzen des Bistums Ermland – abgesehen von einigen Grenzzuschlägen im 16. Jahrhundert – bis in die Gegenwart unverändert geblieben. Eine besondere Leistung war die Grenzziehung im Südosten, wo das Bistum mit der galindischen Wildnis in Berührung kommt. Die schnurgerade Grenze durch diese „Wildnis" ist in ihrer Art einmalig in so früher Zeit.

Ermland, die dritte in der Anagni-Urkunde genannte Diözese, ist nach der „terra Warmia" benannt. Schon im 6. Jahrhundert findet man den Begriff „Erm-land". Im Lagerbuch Waldemars II., um 1233, heißt es „Ermelandia"; 1262 tritt der Name „Wormeland", 1388 „Warmeland" auf. Der erste ermländische Bischof, Anselm, starb 1278 in Elbing und wurde dort begraben. Er war und blieb der einzige Deutschordensbruder auf dem ermländischen Bischofsstuhl.

1260 gründete Bischof Anselm das Domkapitel mit dem Sitz in Braunsberg; 1284, unter dem zweiten ermländischen Bischof, Heinrich I. Fleming, nach Frauenburg verlegt, wo die Kathedrale errichtet wurde. Durch einen Teilungsvertrag bekam es im Jahr 1288 – endgültige Regelung 1346 – ein Drittel des Hochstiftes, die Kammerämter Frauenburg, Allenstein und Mehlsack, als weltliches Territorium. Darin hatte es die gleichen landesherrlichen Rechte wie der Fürstbischof in seinem Herrschaftsgebiet.

Da das ermländische Domkapitel nicht in den Deutschen Orden inkorporiert war, hatte dieser auf die „Staatsführung" keinen Einfluß. Deshalb kam es mehrfach zu Auseinandersetzungen zwischen Fürstbischof und Hochmeister. Alle Versuche des Ordens, der ermländischen Autonomie ein Ende zu setzen, blieben jedoch ohne Erfolg. Während die Domkapitel von Pomesanien 1284 und Samland 1285 dem Deutschen Orden inkorporiert wurden, blieb das Ermland bis zum Jahr 1772 ein autonomer Staat.

Wie der Orden in seinem Staat, so besiedelten auch die Fürstbischöfe des Ermlands und dessen Domkapitel ihr Land planmäßig. Sie gründeten Städte als wirtschaftliche und kulturelle Mittelpunkte der Umgebung, als erste Braunsberg an der Stelle, an der 1240 der Orden eine Burg errichtet hatte, die

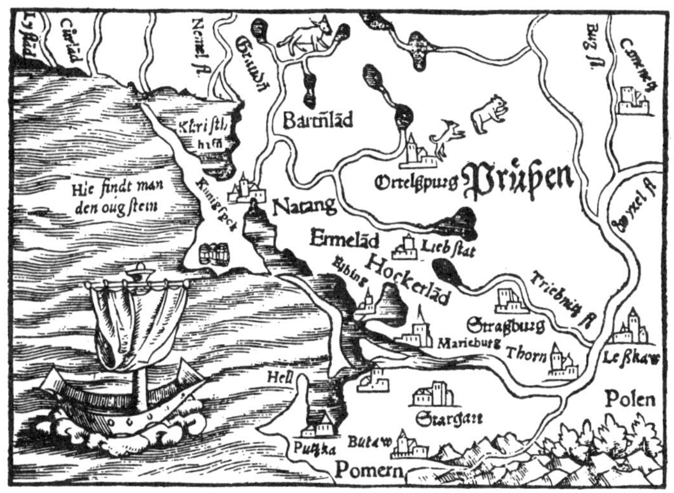

Älteste Ermlandkarte (1550)

Heilsberg (Endersch 1755)

zwei Jahre später zerstört worden war, 1249 als Brusebergue erstmals erwähnt. Bischof Anselm gab der neugegründeten Stadt 1254 die Handfeste. Über ein halbes Jahrhundert hinweg blieb sie die einzige Stadt im Ermland.

Bischof Eberhard von Neisse, der dritte Fürstbischof, aus einer bürgerlichen Familie in der schlesischen Stadt Neisse stammend, leitete seit 1290 als Kapiteladministrator die Kolonisierung der terra Wewa, des Mehlsacker Gebietes. Als Bischof hat er nach 1300 systematisch die Besiedlung des mittleren Ermlands, des prussischen Gaues Pogesanien, betrieben, vor allem mit Hilfe seiner schlesischen Verwandten. Er hat die Städte Heilsberg (1308), Frauenburg (1310) und Wormditt (1312) gegründet. Auch diese Städte entstanden an Plätzen, die bereits im 13. Jahrhundert als Heilsperch (1264), Frowenburg (1278) und Wurmedyten bekannt waren. Ins Jahr 1312 fällt auch die Gründung der Stadt Mehlsack, 1282 erstmals als Malcekule erwähnt.

Mit Bischof Heinrich Wogenap, dem Fünften in der Reihe, bestieg erstmals ein Elbinger Bürger den ermländischen Bischofsstuhl. Während seiner Regierungszeit begann der Bischofsvogt Heinrich von Lauter das Kolonisationswerk in der ermländischen Wildnis, dem südöstlichen Teil des Bistums; dort war die Zahl der Prussen im Vergleich zu den anderen Gebieten noch recht hoch. Wogenap gab der Stadt Guttstadt, deren Gründung bereits seinen beiden Vorgängern zugeschrieben wird, 1329 die Handfeste. Er ließ den Massivbau des Frauenburger Doms beginnen, in dem er 1334 begraben wurde.

DIE ERSTEN FÜRSTBISCHÖFE

Der sechste ermländische Fürstbischof, Hermann von Prag, der erste Gottesgelehrte auf dem Bischofsstuhl, war von

Papst Benedikt XII. 1337 zum Bischof von Ermland ernannt und 1338 eigenhändig zum Bischof geweiht worden. Er fand harten Widerstand beim Domkapitel, das einen anderen zum Bischof gewählt hatte, den ermländischen Domherrn Zindal, der jedoch nicht bestätigt wurde. Erst 1340 konnte Hermann von Prag sein Bistum betreten. Inzwischen war das Domkapitel nicht untätig geblieben. Es hatte von sich aus erstmals zwei Städten die Handfeste erteilt: Rößel, 1241 erstmals als Resel erwähnt, und Seeburg; dies in den Jahren 1337 und 1338. Der Bischof nahm Residenz in Wormditt, wo man mit dem Bau von Rathaus und Pfarrkirche begonnen hatte. Er hielt die erste Diözesansynode ab, gründete 1341 das einzige Kollegiatstift im Prussenland, das sechs Jahre später nach Guttstadt verlegt wurde, und 1347 das Kloster der Augustiner-Eremiten in Rößel. Er war ein Mann von großer Gelehrsamkeit und hinterließ eine Reihe theologischer und kanonischer Werke.

Der kaiserliche Notar Johann von Meißen, 1350 zum Fürstbischof von Ermland gewählt, setzte vorerst das Siedlungswerk im mittleren und südlichen Ermland fort. Er vergab eine Reihe Dienstgüter. Zum Schutze des Gebietes gegen die litauischen Einfälle ließ er in Rößel und Seeburg feste Burgen bauen. In Heilsberg, wohin er die Residenz der Bischöfe nunmehr endgültig verlegte, nahm er den großgeplanten Schloßbau in Angriff. Auch erbaute er das Langhaus des Frauenburger Doms, in dem er begraben wurde. Sein Kolonisationswerk setzte sein Nachfolger, der aus Lübeck stammende Johann II. Stryprock, fort, der viele Verwandte aus seiner Heimat nach sich zog und seinem Vetter, Dietrich von Czecher, die endgültige Kolonisation der Wildnis anvertraute. Johann II. gab 1364 der Stadt Wartenburg die Handfeste.

Inzwischen hatte das Domkapitel 1353 der Stadt Allenstein die Handfeste erteilt und mit dem Ausbau einer festen Burg und der trutzigen St. Jakobikirche begonnen. Hier sollte der Administrator des Kapitels, der Dompropst, residieren, von hier aus sollte er das dem Kapitel unterstellte Land verwalten. Der berühmteste Administrator des ermländischen Kapitels, der hier von 1516 bis 1519 und von 1521 bis 1523 residierte, hieß Nicolaus Coppernicus.

Mit Fürstbischof Heinrich III. Sorbom, dem Sproß einer ritterlichen Familie, um 1340 in Elbing (?) geboren, ernannte Papst Gregor XI. den Sekretär Kaiser Karls IV. zum ermländischen Bischof. Er brachte die Kolonisierungsperiode mit der Gründung der beiden letzten Städte, Bischofstein (als Dorf Strowangen genannt) und Bischofsburg (1385 bzw. 1395) zum Abschluß. Mehrere Dörfer stattete er mit großem Waldbesitz aus, erbaute die Stiftskirche in Guttstadt und führte den Bau vieler Stadt- und Dorfkirchen zu Ende. Der Frauenburger Dom und die Bischofsresidenz Heilsberg wurden in dieser Zeit vollendet. Dem Domkapitel gab er eine neue Satzung, 1395 hielt er die zweite Diözesansynode. Seine Regierungszeit bildete den Höhepunkt in der mittelalterlichen Geschichte des Fürstbistums, das um 1400 endgültige

Pfarrkirche zu Wormditt

Schlacht bei Tannenberg 1410

Gestalt angenommen hatte. Neue Städte wurden nach diesem Zeitpunkt – bis auf den heutigen Tag – nicht mehr gegründet. Nach der Niederlage des Deutschen Ordens bei Tannenberg im Jahr 1410 nahm die Unzufriedenheit der Städte wie auch der Adelsgeschlechter mit dem Regime des Ordens rasch zu. Auf Geheiß von Kulm und Thorn schlossen sich diese am 21. Februar 1440 zu „Nutz und Frommen, Gott zu Lobe, dem gnädigen Herrn Hochmeister, seinem Orden und Landen zu Ehren" zum Preußischen Bund zusammen, der am 15. März 1440 in Marienwerder besiegelt wurde, aber bereits im Jahr darauf vom Orden abfiel.
Als Heinrich IV. Heilsberg (Vogelsang), Sohn eines Bäckermeisters, als Fürstbischof Stellung bezog und sich gegen Hochmeister Heinrich von Plauen stellte, wurde er für dreieinhalb Jahre verbannt. Der Hochmeister versuchte vergebens, die Verwaltung des Fürstbistums selbst zu regeln und als Bischof ein Mitglied des Ordens aufzuzwingen, um damit der „ermländischen Selbständigkeit ein Ende zu setzen". Aber der Bischof kehrte zurück, um im „Hungerkrieg" das Elend mit seinem Bistum zu teilen.
Wie Heinrich IV. von Vogelsang waren auch dessen beide Nachfolger, Johann III. Abezier, ein Thorner, und Franz Kuhschmaltz promovierte Juristen, die eine Versöhnung mit dem Orden betrieben. Johann III. Abezier trat als Bevollmächtigter der preußischen Bischöfe auf dem Konstanzer Konzil auf, Franz Kuhschmaltz wurde Hofjurist des Hochmeisters, schuf eine Konstitution für den Bauernstand und nahm am Basler Konzil wie auch an der Kaiserwahl in Frankfurt teil.

EIN FÜRSTBISCHOF WIRD PAPST

Im vierten Jahre des Kampfes des Ordens gegen den Preußischen Bund und den König von Polen starb Bischof Franz Kuhschmaltz in Breslau. Gegen den Willen des Polenkönigs ernannte der Papst den ordensfreundlichen Kardinal Äneas Silvius Piccolomini, geboren in Corsignano bei Siena, zum Fürstbischof von Ermland. Dieser hatte im Auftrag Nikolaus V. für einen Kreuzzug gegen die Osmanen gewirkt und das Abendland zu gemeinsamem Vorgehen aufgerufen. Er galt als einer der bedeutendsten Humanisten seiner Zeit, war von Friedrich III. zum „poeta laureatus" gekrönt worden.
Äneas Silvius Piccolomini hat sein Bistum nie betreten. Am 18. August 1458 wurde er zum Papst gewählt. Als Pius II. bestieg er den Stuhl Petri.
Sein Nachfolger auf dem ermländischen Bischofssitz wurde der Sekretär der römischen Kurie Paul Stange von Legendorf, Sproß einer westpreußischen Adelsfamilie aus der Nähe von Rheden. Er schloß einen Sonderfrieden mit dem Preußischen Bund und dem Polenkönig. Im Zweiten Thorner Frieden erschienen der Bischof und das ermländische Domkapitel als selbständige Paziscenten. Alle Rechte, die der Hochmeister bisher dem Ermland gegenüber besessen hatte, gingen auf den Polenkönig über. Damit schied das Bistum aus dem Schutzbereich des Deutschen Ordens aus, bewahrte aber seine Selbständigkeit und sein Deutschtum.
Obwohl dem Hochstift Ermland im Zweiten Thorner Frie-

den volle Selbständigkeit unter der Schirmherrschaft des polnischen Königs zugesichert worden war, versuchte König Kasimir nach dem Tod des Bischofs Paul von Legendorff den Bischof von Kulm zum Nachfolger zu nominieren. Das Domkapitel aber entschied sich für Nicolaus von Tüngen, der einer Wormditter Bürgerfamilie entstammte. Tüngen wurde vom polnischen Reichstag geächtet und floh zu seinem Metropoliten, dem Erzbischof von Riga, um von Livland aus sein Bistum mit Gewalt zu nehmen. So entstand der Pfaffenkrieg. Der Papst suchte zu vermitteln. Er versetzte Tüngen und verlieh das Bistum dem Gnesener Archidiakon Oprowski. Das Ermland hatte jetzt drei Bischöfe.

Tüngen gab nicht nach. Er eroberte Braunsberg und brachte die übrigen ermländischen Städte in seine Hand.

Am 15. Juli 1479 endete der Krieg mit dem Frieden von Petrikau. Das Domkapitel konnte in Zukunft nur eine dem Polenkönig genehme Person (persona grata) zum Bischof wählen; Bischof, Domkapitel, Bischofsvogt, Kapitelvogt wie alle übrigen Beamten und Untertanen mußten dem Polenkönig den Treueid leisten. Allen ermländischen Untertanen wurde ein Appellationsrecht an den König von Polen zuerkannt, das bis 1655 bestand.

Gegen den Willen des Polenkönigs wurde Lucas von Watzenrode 1489 Fürstbischof von Ermland. Er gewann bald das Vertrauen des Königs, da er den Vorschlag unterbreitete, den Deutschen Orden aus Preußen zu entfernen, weil es für ihn hier keine Aufgabe mehr gebe, und ihn gegen die Türken einzusetzen. Seine Bemühungen, das Ermland zum Erzbistum zu erheben, scheiterten am Widerstand des Ordens und des zuständigen Erzbischofs von Riga. Sein Versuch, in Elbing eine Universität zu errichten, zerbrach am Widerstand der Stadt. Es gelang ihm jedoch, das religiöse und wirtschaftliche Leben im Bistum zu heben. Dem Sohn seiner Schwester, Nicolaus Coppernicus, ermöglichte er durch die Verleihung eines Kanonikats das Studium. Er wurde sein Hausarzt in Heilsberg und verwaltete später die höchsten Ämter im Domkapitel. Während einer kurzen Vakanz war Coppernicus Souverän beider Teile des Hochstiftes.

Die letzte Phase des Deutschordensstaates war angebrochen. Der Reiterkrieg 1520/21 brachte dem Fürstbistum furchtbare Verheerungen. Der Hochmeister wußte die Neutralität des Fürstbischofs nicht zu schätzen; Fabian von Lossainen war ein schwächlicher Charakter. Sein Nachfolger, Mauritius Ferber, hatte alle Hände voll zu tun, das Eindringen der Reformation in sein Fürstbistum zu verhindern. Mit allen Kräften widmete er sich dem Wiederaufbau des schwer heimgesuchten Landes. Es kam zur Säkularisierung des Ordensstaates. Fürstbischof Dantiscus von Höfen bemühte sich beim Kaiser und vor dem Reichstag, die Aufhebung der über Herzog Albrecht von Preußen, den letzten Hochmeister, verhängten Reichsacht zu bewirken. Er zählte zu den größten humanistischen Dichtern seiner Zeit.

Bischof Thiedemann Giese, einer der bedeutendsten Vertreter des Humanismus in Preußen, Freund des Nicolaus Coppernicus, veranlaßte diesen zur Veröffentlichung seines Hauptwerkes über das heliozentrische System. Ihm folgte Stanislaus Hosius, der bedeutendste und vorletzte deutschstämmige Kirchenfürst, der die Kathedra innehatte. Auf dem Tridentinischen Konzil spielte er die entscheidende Rolle.

Pfarrkirche in Seeburg

Auf Wunsch des Königs wurde er als erster Nichtpreuße seit 1466 Bischof von Ermland und damit Vorsitzender des preußischen Landesrats. Er war Nuntius am Wiener Hof, wurde 1561 Kardinal und als päpstlicher Legat zum Konzil gesandt. 1565 gründete er das Jesuitenkolleg und das päpstliche Priesterseminar in Braunsberg.
Gegen den Widerstand des Domkapitels setzte er durch, daß Martin Kromer, ebenfalls ein Nichtpreuße, sein Administrator wurde. 1579 bestieg dieser den Bischofsstuhl. Er förderte die Jesuiten und gab der von Regina Protmann neugegründeten Katharinerinnenkongregation die Satzung.

DIE POLNISCHEN FÜRSTBISCHÖFE

In den Jahren 1589 bis 1795 besetzten 15 polnische Bischöfe den ermländischen Bischofsstuhl. Ernst Manfred Wermter, Historiker des Ermlands, schreibt: „Es befanden sich darunter Männer von hohem Range ... in vielen Fällen waren sie gute und verständnisvolle Bischöfe und Landesherren ihrer

Stanislaus Hosius

überwiegend deutschen Untertanen. Dasselbe gilt für das Domkapitel, dessen Mehrheit seit Beginn des 17. Jahrhunderts die polnischen Mitglieder bildeten. Bischof und Domkapitel setzten sich auch in dieser Epoche für die Erhaltung der politischen und kirchlichen Sonderstellung des Bistums samt den dazugehörigen Privilegien ein.
Das Fürstbistum erlitt durch die schwedisch-polnischen Kriege schwere Schäden und Menschenverluste. Vorübergehend wurde es kurbrandenburgisches Fürstentum. Seine politische Existenz löschte endgültig die Erste Teilung Polens aus. Das Ermland wurde in den brandenburgisch-preußischen Staat einverleibt und war damit säkularisiert.
Zu den 15 polnischen Fürstbischöfen gehört Johann Albert Wasa, ein Sohn König Sigismund III., der die Würde eines Kardinals erlangte. Johann Konopacki war Erzieher König Johann Kasimirs von Polen, ehe er auf den Stuhl des Fürstbistums berufen wurde. Michael Stephan Radziejowski war Neffe der Könige Wladislaus IV. und Johann II. und Vetter Johann Sobieskis. Er wurde – wie auch zwei weitere Bischöfe des Ermlands, Theodor Andreas Potocki und Józef Glemp – Primas von Polen. Petrus Tylicki war Vizekanzler Polens, Johann Stephan Wydźga polnischer Reichskanzler, Andreas Chrysostomus Załuski Großkanzler des Kurfürsten August II. von Sachsen. Andreas Bathory, die tragischste Figur auf dem Bischofsstuhl, aus einem Siebenbürgischen Fürstengeschlecht, wurde ausgewiesen und auf der Flucht aus der Walachei von Szekler Bauern ermordet.
Kein ermländischer Bischof hat sich so sehr für die katholische Reform eingesetzt wie Simon Rudnicki. Er erreichte die Wiedereinführung des katholischen Kultus in Königsberg und den Bau der dortigen katholischen Propsteikirche. In Elbing erwirkte er die Rückgabe der St. Nikolaikirche an die katholische Gemeinde.
Nikolas Szyszkowski stiftete das Franziskaner-Minoritenkloster in Springborn als Dank für die Befreiung von der schwedischen Besatzung. Christoph Andreas Johann Szem-

bek, Sproß einer in Polen geadelten Tiroler Familie, stattete das Kloster Heiligelinde aus und erbaute die Szembekkapelle am Frauenburger Dom. Er schuf eine Wohlfahrtskasse und bewahrte die Ermländer vor den Soldatenwerbern des Preußenkönigs.
Adam Stanislaus Grabowski erwies sich als großzügiger Mäzen für bildende Künste und Bibliotheken. Er zählt zu den besten ermländischen Landesherren.
Gleiches läßt sich von Ignatius Krasicki sagen, der in Heilsberg fürstlich Hof hielt. Als führender Dichter der Aufklärung in Polen – bekannt durch seine Fabeln und satirischen Epen „Der Mäusekrieg“ und „Der Mönchskrieg“ – verband ihn persönliche Freundschaft mit Friedrich dem Großen, an dessen Tafelrunde er teilnahm. Der König ließ ihn 1773 die Hedwigskirche in Berlin einweihen.

VON PREUSSEN „BESITZERGRIFFEN“

Am 5. August 1772 kamen Friedrich der Große, Katharina von Rußland und Maria Theresia von Österreich überein, daß neben dem königlichen Preußen und dem Netzedistrikt das Ermland an Preußen fallen sollte. Schon vor Vertragsabschluß hatte der Preußenkönig in der Kabinettsorder vom 7. Juni 1772 Grundsätze für die Verwaltung der „neuen Provinz“ entwickelt und das Ermland der Königlichen Kriegs- und Domänenkammer Königsberg unterstellt. „Nach den Grundsätzen des Völkerrechts und der Moral war diese Erste Teilung Polens ein Unrecht, aber diese Grundsätze wogen wenig in einem Zeitalter der Machtpolitik“ (Fritz Gause).
Kaiserin Maria Theresia schrieb damals an Kaunitz: „Aber in dieser Sach, wo nit allein das offenbare Recht himmelschreiend wider uns, sondern auch alle Billigkeit und die gesunde Vernunft wider uns ist, muß bekennen, daß zeitlebens nit so beängstigt mich befunden und mich sehen zu lassen schäme.“

Erste polnische Teilung

Fürstbischof Ignatius Krasicki, obwohl mit dem König von Preußen befreundet und dessen Verehrer, wandte sich an den Papst, zumal er durch die Übereinkunft völlig überrascht wurde; sein Protest fand jedoch kein Gehör.
Um den Bauern entgegenzukommen – das Ermland war ein Bauernland! – wandelte Friedrich der Große im Jahr darauf die Leibeigenschaft – die es im Fürstbistum nie gegeben hat – in Erbuntertänigkeit um.
Durch Kabinettsorder vom 31. Januar 1773 erhielten die beiden Provinzen des Königreichs Preußen ihre Namen: „Westpreußen“ und „Ostpreußen“. Zum ersten Male wurde die Bezeichnung Ostpreußen in einer Kabinettsorder gebraucht. Das Ermland gehörte fortan zu dieser Provinz. Seit dem Besitzergreifungspatent von 1772 nannte sich Friedrich der Große König von Preußen statt bisher König in Preußen.
Als Fürstbischof Krasicki 1795 starb, nominierte und präsentierte Friedrich Wilhelm III. als Nachfolger Karl von Hohenzollern-Hechingen, der als Oberst den Siebenjährigen Krieg mitgemacht hatte und dann in preußische Dienste treten

wollte, jedoch von seinem „freudwilligen Vetter“ Friedrich dem Großen mit der Bemerkung abgewiesen wurde: „Vetter, ihr taugt nicht zum Soldaten, Ihr müßt Pfaff werden“. Obwohl schon vierzig Jahre alt, wandte er sich dem Theologiestudium zu; Friedrich der Große ernannte ihn zum Weihbischof von Kulm, gab ihm, um sein Einkommen zu vergrößern, zwei Abteien und ließ ihn schließlich zum Bischof von Kulm aufsteigen.

Als der ermländische Fürstbischofsstuhl frei wurde, der reicher dotiert war als Kulm, bekam er diesen als erster Bischof deutscher Abkunft seit dem 16. Jahrhundert.

Er war ein geschickter Politiker. Nach Aufhebung des Jesuitenordens wurde er mit der Neugestaltung der Jesuitenschulen beauftragt und 1781 zum „Chef des königlichen Schulinstituts“ ernannt. Er residierte in seiner Abtei Oliva, wo er einen „großen Hof“ hielt. Seine Diözese sah er selten, hinterließ aber bei seinem Tode 42000 Taler Schulden, die diese begleichen mußte.

Burg Mehlsack

Das Domkapitel führte die „Entschuldung“ auf drastische Weise durch. Der Bischofsstuhl blieb fünf Jahre unbesetzt, bis durch Einsparung der Dotationen alle Schulden getilgt waren.

Erst 1808 wählte es einen Nachfolger: Joseph von Hohenzollern-Hechingen, einen Romantiker und, im Gegensatz zu seinem Oheim und Vorgänger, schlichten Priester und eifrigen Seelsorger. Da Schloß Heilsberg nach der Franzosenzeit nicht bewohnbar war, residierte auch er in Oliva und verbrachte nur die Sommer in seinem Bistum, auf dem Landschloß Schmolainen bei Guttstadt. Er mühte sich um die geistliche Erneuerung nach den Napoleonischen Kriegen, widmete sich vor allem dem Schulwesen und dem Kirchengesang. Joseph von Eichendorff hat ein Marienlied für ihn geschrieben. Er gründete das Lyceum Hosianum in Braunsberg, konnte jedoch, obwohl mit dem Königshof freundschaftlich verbunden, die Aufhebung der Klöster im Jahr 1810 nicht verhindern. Oberpräsident Theodor von Schön, der jahrelang sein Gegner war, durchkreuzte seine Pläne. Er starb 1836 als letzter Fürstbischof des Ermlands, der letzte der fürstlichen Mitenträger Deutschlands. Dem Frauenburger Dom vermachte er die wertvolle Kopie der Raffaelschen Madonna Sixtina von Gerhard Kügelgen.

Mit dem Oberpräsidenten von Schön geriet auch der nächste ermländische Bischof, Andreas Stanislaus von Hatten, in Konflikt, als er im Streit um die konfessionell gemischten Ehen in einem Hirtenschreiben vom April 1838 die päpstlichen Weisungen vertrat. Er verlegte den Bischofssitz zu seiner Domkirche nach Frauenburg und setzte sich von dort für die Erhaltung des Bischofsschlosses in Heilsberg ein, das von Schön niederreißen lassen wollte. 1840 begrüßte er König Friedrich Wilhelm IV. in Frauenburg und huldigte ihm im Namen des katholischen Klerus der Provinzen Preußen und Posen in Königsberg. In seinem Wohnzimmer beraubte ihn der Schneidergeselle Kühnapfel und ermordete ihn. Der Mörder wurde durch das Rad hingerichtet.

VOM KULTURKAMPF ZUM DRITTEN REICH

1848 hatte Bischof Joseph Ambrosius Geritz seine Ermländer in der deutschen Nationalversammlung in Frankfurt vertreten. Sein Nachfolger, Bischof Philipp Krementz, war als Förderer der Künste bekannt, ließ den Frauenburger Dom neu ausschmücken und berief einen Dombaumeister. Er setzte sich darüber hinaus für die ermländische Presse ein. Im Kulturkampf zwischen dem preußischen Staat und der katholischen Kirche weigerte er sich, die Exkommunikation zweier Professoren am Lyceum Hosianum, zweier Staatsbeamter, aufzuheben und an der Durchführung der Kulturkampfgesetze mitzuwirken. Ihm wurden die Temporalien entzogen; das Priesterseminar wurde geschlossen. Durch passiven Widerstand erreichten die Ermländer, daß die Kulturkampfgesetze von 1880 an abgebaut wurden.

Für die Wahrung des kulturellen Erbes setzte sich der 1886 zum Bischof gewählte Bauernsohn aus dem Kreis Rößel, Andreas Thiel, ein, der zu den Mitbegründern des Ermländischen Geschichtsvereins von 1856 zählte und in dessen Zeitschrift eine Reihe beachtlicher Artikel veröffentlicht hatte. Als Wilhelm II. das Gut Cadinen erwarb, versäumte er es nie, wenn er dort weilte, seinem „Frauenburger Nachbarn“ einen Besuch abzustatten.

Die Neuregelung der deutschen Staatsgrenzen nach dem Ersten Weltkrieg machte auch eine Neuregelung der Diözesangrenzen notwendig. 1922 wurde das bisher zur Diözese Kulm gehörende Dekanat Pomesanien als Apostolische Administratur dem Bischof von Ermland unterstellt; das Dekanat Neuteich kam an die neu errichtete Administratur Danzig und 1926 das Memelgebiet als Praelatura nullius unter den Bischof von Telschai. Seit dem Konkordat mit dem preußischen Staat von 1929 stimmten die Diözesangrenzen des Ermlandes mit denen der Provinz Ostpreußen überein. Zugleich wurde die Diözese Ermland Suffraganbistum der

Steinhaus in Braunsberg

neuen Kirchenprovinz Breslau und hörte damit auf, exemt zu sein. Der Verlust des über 400 Jahre alten Vorrechts der Exemption der Diözese schmerzte ihren Hirten Augustinus Bludau, einen gebürtigen Guttstädter, sehr. Doch mußte er sich fügen.

Maximilian Kaller, geboren in Beuthen in Oberschlesien, war 1930 zum Bischof des Ermlands gewählt worden. Auf Grund des Reichskonkordats vom 20. Juli 1933 versuchte er, einen modus vivendi mit dem neuen Regime zu finden. Doch in Marienburg wurden die katholischen Schulen geschlossen, in Heilsberg kam es zu Zwischenfällen bei der Fronleichnamsprozession, Priester und Laien wurden eingekerkert. Als die Machthaber des Dritten Reiches 1937 die katholischen Verbände verboten und kurz darauf die Ermländische Druckerei in Braunsberg beschlagnahmten, wandte sich der Bischof in Hirtenschreiben und Kanzelverkündigungen gegen die Verletzung der Rechte der Kirche. Er wurde am 7. Februar 1945

von der Gestapo verhaftet und nach Danzig gebracht; ihm wurde verboten, das Ermland zu betreten.
Als Bischof Kaller nach Kriegsende in seine Diözese zurückkehrte, überredete ihn der Primas von Polen, Kardinal Hlond, zur Resignation. Der Kardinal bestellte einen polnischen Administrator für das Bistum; die polnischen Behörden verfügten die Ausweisung Bischof Kallers. Papst Pius XII. ernannte Bischof Kaller am 29. Juni 1946 zum päpstlichen Sonderbeauftragten für die heimatvertriebenen Deutschen. Er erfüllte diese Aufgabe mit asketischer Hingabe und Aufopferung bis zu seinem Tode 1947.

25 JAHRE VAKANZ

Im Jahre 1944 zählte die Diözese Ermland – einschließlich der Freien Prälatur Memel – an die 400000 Katholiken, die in 192 Pfarreien und Kuratien lebten. Flucht und Vertreibung führten die Ermländer in den Westen und in die Zerstreuung. In den Leerraum der Diözese strömten von Osten her von den Russen aus ihrer Heimat vertriebene Polen ein.
Am 11. Juli 1947 fand im Westen die Wahl eines Kapitularvikars für die Sedisvakanz, die Zeit, da der Bischofsstuhl unbesetzt blieb, statt. Arthur Kather, Propst von Elbing, früher Caritaspfarrer in Braunsberg, übernahm dieses Amt für zehn Jahre. Nach seinem Tode am 29. Juli 1957 fiel die Wahl auf Paul Hoppe, seit 1938 Pfarrer in Königsberg, der 1961 das Ermlandhaus in Münster in Westfalen errichtete. 1972 erlosch das Amt des Kapitularvikars; Hoppe wurde Apostolischer Visitator. Am 11. März 1975 trat er in den Ruhestand. Ihm folgte der Apostolische Protonotar Johannes Schwalke.
Und wie sah es im Ermland aus? Nach dem von Kardinal Hlond erwirkten Verzicht Bischof Kallers wurde Theodor Bensch am 15. August 1945 zum Administrator der Diözese ernannt, dem Anfang 1951 Albert Zink als Kapiteladministrator folgte. Zink wurde – mit Zustimmung Hoppes – 1958 Dompropst.
1956 wurde Bischof Thomas Wilczynski mit der Verwaltung der Diözese betraut. Er nannte sich „Bischof in Allenstein“, ihm waren drei Titularbischöfe zur Seite gestellt.
Die Vakanz auf dem ermländischen Bischofsstuhl endete nach 25 Jahren mit der Ernennung Jozef Drzazgas zum 46. Bischof von Ermland. Er stammte aus der Diözese Lublin.
Nach seinem Tode am 12. September 1978 folgte ihm als 47. Bischof am 21. April 1979 Józef Glemp nach, geboren in Hohensalza, ein Arbeitersohn, der in Rom promoviert hatte. Nach seiner Ernennung zum Primas von Polen im Jahr 1981 wurde Kapitularvikar Jan Oblak amtierender Bischof, bis ihn Papst Johannes Paul II. 1982 zum 48. Bischof von Ermland ernannte.

Wallfahrtskirche zu Schönwiese

EIN DUTZEND STÄDTE

Zwölf Städte erhielten im Fürstbistum Ermland in der Zeit von 1254 bis 1395 die Handfeste (Gründungsurkunde). Acht der Handfesten hatte der Fürstbischof ausgefertigt, die übrigen vier das Domkapitel.
In den 12 Städten lebten 1772, als das Ermland an Preußen fiel, rund 25000 Menschen. Die Zahl wuchs bis 1900 auf 79000 an und erreichte in den Jahren 1936/39 die 130000.
Die größte Stadt des Ermlandes war die erstgegründete, Braunsberg; sie zählte 1772 in Alt- und Neustadt zusammen 4249 Einwohner. Rößel und Heilsberg lagen damals bei 3000.
Um 1900 hatte sich das Bild gewandelt. Allenstein war mit 24300 Einwohnern an die Spitze gerückt, Braunsberg wies nur die Hälfte davon auf. Heilsberg, Wormditt und Bischofsburg hatten die 5000-Einwohner-Grenze erreicht.
Das Verhältnis änderte sich bis zum Jahre 1939 kaum. Allein war Allenstein auf über 50000 Einwohner herangewachsen. Immer noch zählten 5 Städte unter 5000 Einwohner.
Der Aufstieg der Stadt Allenstein läßt sich nur dadurch erklären, daß sie 1818 zur Kreisstadt aufstieg, 1910 einen Stadtkreis bildete, den einzigen im Ermland, 1877 Sitz des Landgerichts und 1905 Sitz einer preußischen Regierung wurde. Dadurch büßte Allenstein weitgehend den Charakter einer ermländischen Stadt ein, war Hauptstadt des Regierungsbezirks Allenstein, der über die Grenzen des Ermlands hinausgriff.
Das Ermland, eine weiträumige Landschaft, großzügig besiedelt – eine Kornkammer Europas –, besaß große Marktplätze und stattliche Dorfkirchen. Die Bauern lebten auf Dörfern oder verstreuten Gehöften und Weilern. Der Boden gab viel her, es hätte Reichtum herrschen können, wenn nicht die Pest und andere Seuchen mehrfach zugeschlagen, Kriege und Einbrüche der Nachbarn das Land gründlich verheert hätten. Das Ermland war ein vom Schicksal hart geprüftes Land;

DIE 12 STÄDTE DES ERMLANDS

in der Reihenfolge ihrer Gründung
und ihre Einwohner

	1772	1900	1939
Braunsberg	4249	12497	21142
Heilsberg	2929	5512	11787
Frauenburg	1362	2492	2981
Mehlsack	1930	4152	4393
Wormditt	1978	5400	7817
Guttstadt	1831	4588	5932
Rößel	3030	4200	5058
Seeburg	1302	2890	3022
Allenstein	1770	24295	50396
Wartenburg	1434	4588	5843
Bischofstein	1789	3151	3163
Bischofsburg	1064	5250	8463

Bischofsburg

Pflügender Bauer (13. Jh.)

kaum war es zur Ruhe gekommen, kaum wieder aufgebaut und wieder eingerichtet, brach neues Unheil los. Übervölkerung zwang es, viele der besten Söhne nach Westdeutschland abzugeben, in jüngster Zeit ins Ruhrgebiet. Beim Bauern herrschte die Faustregel: Der erste Sohn bekommt den Hof, der zweite wird Priester, die übrigen müssen ihr Glück selber machen.
Von Anbeginn hatten einsichtige Administratoren des ermländischen Domkapitels – wie Nicolaus Coppernicus – versucht, dem Bauern seine in etwa unabhängige Stellung zu bewahren. Sie standen nach großen Bränden, Kriegen oder Seuchen vor der Aufgabe, freigewordene Höfe zu besetzen und den Bauern zur Wahrnehmung seiner Pflichten im Interesse des Landesherrn anzuhalten. Den Bauern im Ermland ging es besser als denen im ehemaligen Ordensland, die, als das Bauernlegen aufkam, ihre Selbständigkeit weitgehend verloren. Im Gegensatz zum Herzogtum Preußen entstanden im Ermland keine Großgüter, blieb die Leibeigenschaft des Bauern unter einem Grundherrn aus. Die Aufhebung der Gutsuntertänigkeit durch die preußische Bauernreform des Jahres 1807 betraf den ermländischen Bauern kaum.
Bischöfe und Domkapitel bauten ihre Burgen in den gleichen Stilformen wie der Orden. Mit dem Bau des Hauptschlosses des Fürstbischofs, der Burg in Heilsberg, war zwischen 1350 und 1355 begonnen worden. Sie wurde 1442 und 1497 durch Brände beschädigt; Gewölbe stürzten ein und mußten erneuert werden. Der doppelbögige Kreuzgang im Inneren der Burg zeugt von Bedeutung und Größe. Hier ist der Eindruck des Klosters stärker ausgeprägt als bei den Ordensburgen.
Die Errichtung des Bischofsschlosses in Rößel fällt in die Zeit von 1350 bis 1355. Charakteristisch ist der mächtige runde Bergfried auf quadratischem Unterbau. Die Burg des Domkapitels in Allenstein wurde 1353 erbaut und im 15. und 16. Jahrhundert umgebaut, die St. Annenkapelle im Südflügel 1530 in Auftrag gegeben – ein Werk des Meisters Nikolaus, Maurer in Allenstein. Feste Burgen erbaute das Domkapitel in Mehlsack und Wormditt.
Die Burg in Braunsberg, um 1240 erbaut, wurde vom Deutschen Ritterorden übernommen; die Frauenburg am Haff stand bereits, ehe Frauenburg 1310 die Handfeste erhielt.
Bauherr der Kathedrale des Bistums, des Frauenburger Doms, einer backsteingotischen Kirche, wie die meisten in jener Zeit, war das Domkapitel. Man hat im Ermland große Kirchen gebaut, wenn man bedenkt, wie klein die Städte waren, die sie erbauten; nicht für den Menschen, zu Gottes Ehre wurde gebaut. Das Schönste und Größte war für den Schöpfer und Erhalter des Alls gerade gut genug.
Prunkstück der Hansestadt Braunsberg war die Pfarrkirche, St. Katharina geweiht, an der von 1346 bis 1442 gebaut wurde, fast ein Jahrhundert lang.
Peter und Paul in Heilsberg wurde 1315 als Hallenkirche begonnen und später als Kreuzkirche vollendet. „Das rote Herz des Ermlands", Wormditt, erlebte 1379 die Weihe der Pfarrkirche von St. Johannis. War sie zu klein? Sie wurde später, durch Anfügung von Kapellen, um ein viertes und fünftes Schiff erweitert. In Allenstein erhielt St. Jakobus, der Stadtpatron, ein überaus stattliches Haus.
Die roten Backsteinkirchen haben die Jahrhunderte zumeist

Braunsberg

überstanden. Zu den Stadtkirchen gesellten sich Dorfkirchen, in gleicher Großzügigkeit erbaut. Hinzu kamen Kapellen und unzählige Wegkreuze und Wegstationen, Zeichen des Glaubens am Feld- und Straßenrand.

Was wäre das Ermland ohne seine Wallfahrtskirchen! Doch mußten erst Elend und Not über das Land kommen, ehe diese entstehen konnten. Sie bedurften des Backsteins nicht mehr, die Zeit der Gotik war vorbei, als man sie plante; sie prunken in ausladendem Barock, an ihrer Spitze die Königin Heiligelinde. Sie steht außerhalb des Ermlands, dicht an seine Grenze geschmiegt, doch auf Boden erbaut, der dem Bistum bis 1374 gehört hatte. An der Stelle einer 1524 zerstörten Kapelle, als Dank an die Mutter Gottes für einen Sieg über die Litauer, um eine Linde, in der die Liebe Frau Kindern erschienen sein soll, von 1687 bis 1730 von Jesuiten errichtet, des Ermlands meistbesuchte Wallfahrtsstätte.

In Springborn erbauten Franziskaner im 17. Jahrhundert ein Kloster als Dank für die Befreiung von den Schweden. Auch hierher pilgerte das gläubige Volk, genauso wie nach Stegmannsdorf, Krossen, Glottau, Schönwiese, Dietrichswalde.

MENSCHEN, DIE HIER LEBTEN

Noch um das Jahr 1330 dürfte der Anteil der Prussen an der Bevölkerung hauptsächlich in der ermländischen „Wildnis", im Südosten des Bistums, recht erheblich gewesen sein. Röhrich hat sie für das südliche Ermland auf drei Viertel der Gesamtbevölkerung geschätzt.

Die Siedler, die ins Land gekommen waren, stammten überwiegend aus Schlesien und Mitteldeutschland. So werden unter den ersten, die Braunsberg erreichten, Lübecker, Holsteiner, Hannoveraner und Westfalen genannt. Nach Heilsberg kamen Schlesier aus dem Neisser Gebiet, nach Wormditt Schlesier und Mitteldeutsche, auch Guttstadt und Seeburg nahmen Kolonisten schlesischer Herkunft auf; nach Frauenburg kamen Siedler aus dem Norden Deutschlands.

Kloster Springborn

Prussen und Polen konnten in den Städten das Bürgerrecht nicht erwerben. So blieb die Zahl der Slawen bis 1410 bedeutungslos.

Die Kriege des 15. und beginnenden 16. Jahrhunderts haben die Struktur der Bevölkerung, insbesondere im südlichen Teil des Bistums, verändert. Am Ende des Reiterkrieges (1521) lagen im ehemaligen Kammeramt Allenstein 32,5, im Kammeramt Wartenburg 36,5 und im Kammeramt Seeburg 65 v.H. aller bäuerlichen Zinshufen wüst. Die Lücken konnte der Bevölkerungsüberschuß der mehr oder minder verschont gebliebenen Bistumsteile nicht mehr auffüllen. Man holte deshalb Siedler aus dem benachbarten Masowien herein. 1426 treten erstmals in der Kolonisationsgeschichte des Ermlands polnische Lokatoren auf. Doch die Heilsberger Kirchensynode von 1497 unterscheidet nur deutsche und prussische Gläubige.

Für die erste Hälfte des 16. Jahrhunderts hat Hans Schmauch auf Grund alter Akten des Domkapitels den slawischen Anteil an der Wiederbesiedlung des Kammeramtes Allenstein auf ein Viertel der gesamten Kolonisten errechnet. Erst im 16. Jahrhundert begann die slawische Überfremdung des südlichen Ermlands. Die Kirchensynode von 1565 kennt keine prussischen Gläubigen mehr, sondern nur noch deutsche und polnische.

Im Gefolge des polnischen Klerus kamen, als polnische Bischöfe den ermländischen Bischofsstuhl seit 1570 besetzten, polnische Adelige und Beamte ins Land. Die ermländischen Städte aber behielten ihren deutschen Charakter; bis gegen Ende des 17. Jahrhunderts finden wir als Bürger nur Träger deutscher Namen.

Nach 1772 drang überschüssige Bevölkerung aus dem nördlichen Teil des Ermlands nach Süden vor, zu Beginn des 19. Jahrhunderts vorzugsweise Bauern, so daß bei der Abstimmung am 10. Juli 1920 im Stadtkreis Allenstein nur 342 Stimmen für Polen (16742 für Deutschland), im Landkreis Allenstein 4902 für Polen (31486 für Deutschland) und

im Kreis Rößel 758 für Polen (35252 für Deutschland) abgegeben wurden.
Nach Flucht und Vertreibung des ermländischen Volkes wird das Bistum seit 1947, bis auf wenige zurückgebliebene Deutsche, von Polen bewohnt.
Der Fürstbischof des Ermlands war Souverän in doppelter Funktion: als Kirchen- und als Landesfürst; geistliche Herren bildeten seinen Hofstaat, waren seine „Minister". Ein Drittel des Bistums unterstand dem Domkapitel. Auch dieses besaß in seinem Teil die Landeshoheit. Ihm gehörten sechzehn geistliche Herren an, unter ihnen die Prälaten des Dompropstes, Domdechanten, Domkustos und Domkantors. Da es seine Rechte als Kollektiv wahrnahm, bestellte es alljährlich einen Kapiteladministrator oder Landpropst.
Beide selbständigen Landesherren – Bischof und Kapitel – waren hinsichtlich Verwaltung, Gesetzgebung und Gerichtsbarkeit eigenmächtig und hatten dafür ihre – meist auch geistlichen – Beamten.
Der militärische Schutz des Fürstbistums oblag anfangs dem Deutschen Orden, später dem polnischen König – als Schirmvogt des Bistums.
Eine wichtige Rolle spielten im Ermland auch die geistlichen Orden. Dominikaner waren schon unter Bischof Christian – also vor Gründung des Bistums – an der Missionierung um Elbing und Nordenburg beteiligt gewesen. Die ersten Franziskaner sind 1296 in Braunsberg nachweisbar, 1364 in Wartenburg. Augustiner-Eremiten gab es 1347 in Rößel. Antoniter lebten 1504 in Frauenburg; in Braunsberg, Heilsberg, Wormditt und Rößel gab es Häuser der Beginen und Franziskaner-Tertiarinnen.
Nach dem Konzil von Trient gewann neben den Jesuiten die Kongregation von der heiligen Jungfrau und Märtyrerin Katharina (Katharinerinnen) große Bedeutung. Sie war die einzige ermländische Ordensgründung und widmete sich mit Vorliebe der Krankenpflege und Mädchenerziehung. Jesuiten wirkten in Braunsberg, Rößel, Heiligelinde und außerhalb des Ermlandes in Königsberg. 1598 bezogen die Franziskaner wieder das verlassene Kloster in Wartenburg und gründeten 1641 eine Niederlassung in Springborn.

Wallfahrtskirche Krossen

Seit dem Kulturkampf waren Männerorden im Ermland verboten, sie durften sich erst 1919 erneut niederlassen: Franziskaner in Allenstein, Redemptoristen in Braunsberg, Jesuiten in Heiligelinde, Steyler Missionare in Mehlsack, Pallotiner in Braunsberg und Rößel, Missionare vom heiligen Herzen Jesu in Bischofsburg.
Kein Wunder, daß die „großen Persönlichkeiten" des Ermlandes, die in die Geschichte eingingen, meist Geistliche waren.

HANDEL, HANDWERK UND RECHT

Das 1254 gegründete Braunsberg, Sitz des Bischofs und Domkapitels, war Handelszentrum des Fürstbistums, bis es im Pfaffenkrieg, im Reiterkrieg und im Schwedisch-Polnischen Krieg schwer zerstört wurde. Wie der Deutsche Orden

Mittelalterliches Handelskontor (Tuchhandel)

betrieb es, als Hansestadt, blühenden Handel über Skandinavien mit England und Flandern wie auch mit den baltischen Ländern. Vom „Stapelplatz des Bistums" gelangte Getreide, Flachs und Garn ins Ausland. Der Binnenhandel zwischen den einzelnen Städten spielte im Ermland kaum eine Rolle, da die Städte sich zum größten Teil selbst oder durch das umliegende Land versorgten.

Da die Industrialisierung erst mit dem 20. Jahrhundert einsetzte, konnte das Handwerk im Bistum gedeihen. An der Spitze stand die Holzverarbeitung. Die Kolonisten brachten die Zunftverfassung ihres Heimatgebietes als fertiges Recht mit. Die Städte übernahmen und bestätigten sie. Im Ermland gab es bereits im 15. Jahrhundert Zunftrollen. Da sie vom Bischof oder Domkapitel eingezogen wurden, sind die meisten nicht überliefert. In Allenstein wurde eine solche Rolle am Tag Michaelis 1474 ausgestellt. Sie enthielt die Rechte und Pflichten, die sich die Zunft selbst unter Zustimmung der Stadt und des Landesherrn gab. In einem Lederbehälter fand sie in der Lade der Zunft ihren Platz. Wer die Bestimmungen der Zunft – die sich aufs ganze Leben bezogen – nicht befolgte, hatte schwere Strafen zu erwarten.

Die Zunft war im Ermland sittlich-religiöse Lebensgemeinschaft. Sie hatte einen Heiligen als Patron und in der Kirche einen besonderen Altar. Die Gewerkmeister wählten die Älterleute, die von der städtischen Obrigkeit bestätigt und vereidigt wurden. Handwerker, die nicht zur Zunft gehörten, hießen „Bönhasen" (Pfuscher). Ihnen sollten die Älterleute „das Handwerk legen". Die Zünfte bestanden aus Meistern, Gesellen und Lehrlingen; vollberechtigte Mitglieder waren nur die Meister, alle anderen waren Schutzverwandte. Bischof Hosius machte den Städten das Recht der Meisterernennung streitig. Die Meisterrollen mußten gesiegelt und vom Landesherrn bestätigt werden. Nach 1774 wurden die Rollen für das Ermland in Marienwerder ausgestellt. Als die Arbeiterbewegung im 19. Jahrhundert aufkam, spielten im Bistum bald die von Ketteler 1844 gegründeten und 1860 neu gebildeten Arbeitervereine und Adolf Kolpings 1846 gegründeter Gesellenverein eine führende Rolle.

Zehn ermländische Städte hatten ihre Handfeste nach kulmischem Recht erhalten. Nach ihm waren die Rechte und Freiheiten der neu entstandenen Gemeinden gesichert. Grundlage war das Magdeburgische Stadtrecht. Vor allem die Schlesier, die ins Ermland kamen, brachten das Magdeburgische Recht mit, das ihnen Selbstverwaltung garantierte und sie vor Abhängigkeit bewahrte, in der sich die prussischen und masowischen Bauern gegenüber ihren Grundherren befanden. Im 14. Jahrhundert kam es zu einer Lockerung des Magdeburgischen Rechtes.

Allein die Städte Braunsberg und Frauenburg waren nach Lübischem Recht gegründet. Dieses enthielt in seinem Kodex Urteile und Weisungen des Lübischen Rates, die den Städten als Vorbild bei der Urteilsbildung dienen sollten. In Lübeck war der Stadtrat zugleich oberstes Gericht, hier gab es keine Schöffengerichte wie in Magdeburg. Der Rat von Lübeck war oberste Appellationsbehörde für alle Städte mit Lübischem Recht. Im Falle einer Beschwerde mußten Braunsberg und Frauenburg einen Abgeordneten oder Bevollmächtigten nach Lübeck schicken, um dort die endgültige Entscheidung zu erwirken. Für die anderen Städte gab es selbständige Appellationsgerichte.

Die Anfänge der Schützenbruderschaften liegen im 13. Jahrhundert. Dokumente aus dem 14. und 15. Jahrhundert verraten ihr Wesen, ihre Formen und ihre Jahresfeste. Vorwiegend nahmen sie die Gepflogenheiten der Zünfte an. Auch ihre Ordnungen erhielten weitgehend religiöse Bestimmungen, erst dann die Schießregeln. Sie hatten Schutzheilige, Wappen, später Fahnen, Altäre, Kirchengeräte, Gottesdienste, Geschirre aller Art aus Silber, Zinn und Holz. Oberschützen und Schützenmeister waren die Anführer der Bruderschaften oder Gilden. Sie besaßen Schützenhäuser, Haffelhäuser genannt. Anfangs gab es wirkliche Schützen und Brüder; auch Witwen und ganzen Familien war der Beitritt gestattet.

Außer dem Schützenkönig und Schützenältesten mußte jeder, der nicht zu den Aufsichtführenden zählte, einen Beitrag zahlen. Die Patronatsfeste wurden kirchlich, aber auch mit Tanz gefeiert; großen Wert legte man auf ein würdiges Begräbnis und den anschließenden Zärm. Im 15. Jahrhundert entstand die Trägerbruderschaft – acht bezahlte Leichenträger –, da sich reiche Schützen oft weigerten, die armen zu Grabe zu tragen. Zweck der Schützenbruderschaft war neben den religiösen Verpflichtungen, die Stadt vor dem Feind zu schützen.

Ihren Ursprung hatte die ermländische Schützenbruderschaft in der Heiligen Leichnamsbruderschaft von 1480. Ihre Satzungen galten bis ins 18. Jahrhundert hinein. Die Aufnahme stand allen Bürgern frei. Bestimmungen sicherten ihren Bestand vor Willkür. Unabhängig von den Schützenbruderschaften gab es in einigen Städten auch Bürgernachtwachen und Bürgerwehren, so in Allenstein und Braunsberg.

LAND DER BAUERN

Das Bild des Ermlands war vom Bauerntum geprägt; das zeigte sich bis in die Städte hinein. Ackerbürger und Märkte, zu denen die „anliegenden“ Bauern in die Städte kamen, gehörten zum täglichen Leben des Städters. Daß das Ermland ein Bauernland wurde, ist siedlungsbedingt. Bischof und Domkapitel entschieden sich für die Anlage zahlreicher Bauernstellen anstatt weniger großer Güter, da sie vom Bauern Zinsabgaben und Scharwerkerdienste erwarten konnten, während die Gutsbesitzer nur wenige Abgaben leisteten, dafür aber im Kriegsfall als Ritter dienen mußten. Da das Fürstbistum weder an Kriege noch an Selbstverteidigung zu denken brauchte, sondern dies dem Schirmvogt – Orden, später König von Polen – überließ, war ihm an Ritterdiensten wenig gelegen.

Bauernstellen wurden vom Fürstbistum schon frühzeitig mit Prussen, später auch mit Slawen besetzt, zumal gegen Ende

Bauernhaus in Migehnen

des 14. Jahrhunderts der Siedlernachschub an Bauern bereits zu versiegen begann. Erst später entstanden im Ermland Güter, meist aus Mangel an Bauern, um die zahlreich vorhandenen Höfe nach Krieg und Pest zu besetzen.
Die Felder trugen an erster Stelle Wintergetreide, vornehmlich Roggen. Beachtlich war auch der Anbau an Hülsenfrüchten. Bei der Hackfrucht stand die Kartoffel an der Spitze; in einzelnen Gebieten gab es Zuckerrüben.
Rinderzucht stand in hoher Blüte. Man baute gute Stallungen und ließ das Vieh so lange wie möglich auf der Weide. Hinzu kam die Geflügelzucht.

BEVÖLKERUNG DES ERMLANDS 1939

	Kreis Braunsberg	Kreis Heilsberg	Kreis Rößel	Kreis Allenstein	ERMLAND
Einwohner insgesamt	62317	56214	51832	107546	277909
in Städten	36343	17679	25017	56237	135276
auf dem Land	25974	38535	26815	51309	142633

Der Hof wurde als „Karree des Ermlands" angelegt. Die Gehöfte unterschieden sich nach der Hufenzahl. Im „Pferdehimmel", nördlich Heilsberg, konnte man am Haus die Zahl der Hufen ablesen, die der Bauer besaß.
Stattliche Bauernhäuser hatten Vor- und Ecklauben. In der Gegend von Allenstein gab es auf den Höfen bisweilen ein Logierhaus.
Typisch für das Ermland war das Ausgedinge, auch als Altsitz oder Altenteil bekannt. Zuweilen gab es eigene Altsitzerhäuser, in die die Eltern nach Übergabe des Hofes an die Kinder zogen. Doch nie ging ein Altsitzer unter 60 Jahren „in die kleine Stube". Oft führten noch 70 oder 75 jährige Bauern den Hof. Man hatte einen ausgeprägten Sinn für die Großfamilie, die bei allen ländlichen Festen zusammenkam und tüchtig feierte. Die „Altsitzer" standen dabei im Mittelpunkt, umringt von einer Schar Kinder und Kindeskinder.
Die Dreifelderwirtschaft garantierte einen hohen Ernteertrag. Sommergetreide, Winterkorn und Brache wechselten einander ab. Als im 18. Jahrhundert die Kartoffel eingeführt wurde, erweiterte man sie zur Vierfelderwirtschaft. Der achtfache Fruchtwechsel setzte sich nirgends durch.
Ein blühendes ländliches Gewerbe war die Bienenzucht. Die Kirche brauchte viel Wachs, und Honig süßte bevorzugt Speisen und Getränke. Honig benötigte man auch zur Bereitung des Bärenfangs, der Essen und Trinken zugleich war.
Die Fülle der Seen, gerade im südöstlichen Ermland, bescherte den Fischern einen guten Fang. Die Fischerei betrieb man daher nicht nur im Sommer, sondern als Eisfischen auch im Winter. Bei starkem Frost, wenn die Gewässer zugefroren waren, hackten die Eisfischer Wunen ins Eis, um fischen zu können. Typisch war auch die „Eisernte". Handliche Blöcke wurden aus der Eisdecke gesägt, in Sägemehlverpackung für den Sommer bewahrt und in die Städte gefahren, wo „Eisblöcke" auch an den wärmsten Sommertagen zum Kauf angeboten wurden. Eis brauchten auch die Brauereien, von denen es im Ermland nicht gerade wenige gab.

ERMLÄNDISCHE SPEZIALITÄTEN

An dieser Stelle sei auf einige Genüsse hingewiesen, die die ermländische Küche bescherte. Flügel, Beine und Hals von Enten und Gänsen zusammen mit Magen und Därmen in Blut gekocht, das Schwarzsauer, waren wie die in ganz Ostpreußen bekannte Rinderfleck ein begehrtes Gericht. Auch Wurstsuppe war bei Schlachtfesten sehr beliebt: Hausgemachte Blut-, Leber- und Grützwurst ließ man in einer Brühe von Wellfleisch oder Markknochen heiß werden und schmeckte diese mit Majoran ab. Dazu gab es Salzkartoffeln. Als besondere Delikatesse galt Kaulbarschsuppe, verfeinert mit der Leber und dem zarten Rückenfleisch der kleinen Fische. Am Abend aß man auf den Bauernhöfen Klunkermus. Die Milch wurde entrahmt, ehe sie in den Kochtopf kam. Die „Klunkern" bestanden aus Eiern und Mehl; man kochte sie in der Milch gar und fügte Zucker und eine Prise Salz hinzu. Man bröckelte auch selbstgebackenes Brot in die Suppe.

Der ermländische Kumst war kein gewöhnliches Sauerkraut; Weißkohl, fein geschnitten, tat man in ein altes Faß. Man zog Schuhe und Strümpfe aus und stampfte mit bloßen (gewaschenen) Füßen den Kohl. Dann deckte man das Faß zu und stellte es in den Keller. Dort mußte der „Kumst" ziehen.

Das Ermland war ein gastliches Land. In jeder ländlichen – und auch in vielen städtischen – Küchen stand tagsüber der Kaffeetopf auf dem heißen Herd.

Nicht nur aufs leibliche, auch aufs geistliche Wohl war man im Fürstbistum bedacht. Seit der Gründung des Bistums war dieses zweisprachig: prussisch und deutsch. Auf den Synoden der Jahre 1395, 1449 und 1497 wurde immer wieder festgelegt, daß die Pfarrer im Ermland, zumal in jenen Orten, in denen der Anteil der prussischen Bevölkerung es verlangte, beide Sprachen beherrschten. Wo dies nicht der Fall war, zwang man den Pfarrer, sich einen prussisch sprechenden Kaplan zu halten. In Heilsberg gab es einen Pönitentiar eigens für Prussen.

Bis zur Mitte des 15. Jahrhunderts erhielten die Geistlichen ihre Ausbildung an der Domschule zu Frauenburg, später, bis etwa 1565, auch an der Bischöflichen Schule im Schloß Heilsberg und an der Schule des Kollegiatstiftes Guttstadt. Trivialschulen gab es nachweislich in Braunsberg, Allenstein, Guttstadt, Heilsberg, Rößel, Wormditt, wohl aber auch in den meisten anderen Städten, dazu vier auf dem Lande.

Das Fürstbistum zählte bis zur Reformation (1325 bis 1525) insgesamt 1000 Studenten. Sie besuchten vornehmlich die Universitäten Leipzig, Prag, Krakau und Bologna.

Wir kennen vier berühmte Allensteiner Stipendien aus dem 16., 17. und 18. Jahrhundert: Das Knolleiseanum, in dem der Allensteiner Professor Johannes Knolleisen ein Legat von 600 rheinischen Gulden für die Ausbildung junger Allensteiner an der Leipziger Universität aussetzte. In diesem Zusammenhang erfahren wir, daß (um 1409) 40 Lehrer und etwa 400 Schüler, von Hus vertrieben, aus Prag nach Leipzig zogen, wo sie, vom Landgrafen Friedrich von Thüringen und vom Markgrafen Wilhelm von Meißen aufgenommen, die Leipziger Universität eröffneten. Unter ihnen befanden sich 12 Ermländer. Von 1410 bis 1536 waren an der Leipziger Universität 250 Ermländer immatrikuliert.

Weitere Stipendien: das Davidianum des Geschichtsschreibers Lucas David, das Gerberianum des Domvikars Simon Gerber und das Stipendium des Ratsherrn Franz Dromler.

In der ersten Hälfte des 16. Jahrhunderts holten die Fürstbischöfe des Ermlands eine Reihe humanistisch gebildeter Männer ins Land, so die Bischöfe Tiedemann Giese und

Schulstunde im Mittelalter

Nicolaus Coppernicus

Johannes Dantiscus von Höfen, den Astronomen Nicolaus Coppernicus und Eustachius von Knobelsdorff. Die Domherren des Ermlands mußten ein Studium absolvieren und einen höheren akademischen Grad erlangen. Man forderte ein hohes Niveau.
Einen Aufschwung nahm das Bildungswesen im Bistum, als Fürstbischof Stanislaus Hosius die Jesuiten ins Land holte. Im Ermland hatte sich niemand der Reformation angeschlossen. 1565 gründeten die Jesuiten in Braunsberg ein Gymnasium, zwei Jahre später das Tridentinische Seminar, 1578/79 das päpstliche Missionsseminar für nordische und östliche Länder. Im Zusammenhang damit eröffnete in Braunsberg die erste Druckerei ihren Betrieb und druckte Bücher in lateinischer, deutscher, polnischer, lettischer, estnischer und litauischer Sprache.
Die Jesuiten setzten ihre Arbeit auf dem Gebiet des Bildungswesens 1630/31 mit der Gründung des Gymnasiums in Rößel fort. Um 1660 schufen sie ein Missionszentrum in Heiligelinde.

Einen schweren Verlust erlitt das Bistum durch die von Friedrich dem Großen 1780 verfügte Auflösung des Jesuitenordens. Die Jesuitenanstalten wurden im Königlichen Schulinstitut zusammengefaßt. Das bedeutete den Niedergang des Schulwesens im Ermland.
Das Jahr 1811 brachte mit der Gründung des Lehrerseminars in Braunsberg einen Wendepunkt; 1817 wurde das Lyceum Hosianum erneuert, 1912 in eine königliche Akademie umgewandelt, die bis 1945 als staatliche Akademie weiterbestand und eine theologische wie eine philosophische Fakultät hatte. Die Akademie brachte zahlreiche bedeutende Lehrer und Schüler hervor.

DES FÜRSTBISTUMS GRÖSSTER „ADOPTIVSOHN“

Er war 1473 in Thorn geboren, hatte das Kulmer Partikular besucht, in Krakau Mathematik, Astronomie und „den Aristoteles“ studiert, in Bologna die Matrikel des „hochedln Collegiums der Deutschen“ an der Rechtsfakultät erworben, in Padua Medizin studiert und in Ferrara im kanonischen Recht promoviert, der ermländische Kanonikus Nicolaus Coppernicus. Als Leibarzt war er zu seinem Onkel, Fürstbischof Watzenrode, nach Heilsberg gekommen.
Beim Frauenburger Domkapitel begann er seine Laufbahn als Cancellarius, wurde Kapiteladministrator in Allenstein. Höhepunkt seiner staatsmännischen Laufbahn: Generaladministrator des Bistums. Berühmt wurde Coppernicus als der Begründer des neuen astronomischen Weltbildes, obwohl seine Erfolge als Staatsmann, Jurist, Arzt, Sprachforscher und Kenner der Antike keineswegs zu unterschätzen sind. Er zeichnete Landkarten von Preußen, verfaßte Denkschriften zur Münzreform.
Unsterblich machte ihn sein Werk „De revolutionibus...“, durch das er der Wissenschaft einen völlig neuen Weg wies.

Goethe nannte Coppernicus den größten und wirkungsvollsten Entdecker aller Zeiten; Lichtenberg sprach von einem „der größten und kühnsten Gedanken, die der Mensch gewagt hat".
Die Astronomen vor Coppernicus hatten die Sterne am Himmel beobachtet, hatten „gespürt", daß die Erde unter ihren Füßen stillstand, hatten zum Firmament aufgeschaut und aus dem „Erspürten" geschlossen, daß Sonne und Gestirne sich bewegten. Coppernicus war der erste Gelehrte, der verkündete, der Augenschein trüge. Damit stellte er die gesamte bisherige Himmelserforschung in Frage. Was tatsächlich geschehe, lehrte er, lasse sich mit den Sinnen gar nicht wahrnehmen, es lasse sich allein denkend erschließen. Somit stellte er das Denken dem sinnlichen Wahrnehmen gegenüber, machte sich mit den Erkenntnissen seiner Vorgänger vertraut und durchdachte diese. So mußte ein völlig neues Denkbild entstehen: das erste Weltbild, das vom menschlichen Denken erschlossen war.
Dieses Weltbild entstand im Ermland: in Heilsberg, Allenstein und Frauenburg.

EINE HEILIGE – EINE ORDENSSTIFTERIN

Geboren in Montau im Jahr 1347, war Dorothea erst siebzehn Jahre alt, als sie den Schwertfeger Albrecht aus Danzig heiratete, dem sie neun Kinder schenkte, von denen nur eine Tochter sie überlebt hat. Als ihr Mann nach 27jähriger Ehe starb, ging sie nach Marienwerder, wo der Domdechant Johannes Marienwerder, ein hochgebildeter Mystiker, ihr Seelenführer wurde. 1393 zog sie sich in eine gemauerte Klause im Dom zurück, die nur durch ein Fenster mit der Außenwelt verbunden war. Die „Gesichte der Klausnerin" faßte Johannes Marienwerder in zwei Schriften zusammen: „Septililium" und „Liber de Festis". Später schrieb er eine Lebensgeschichte der Seligen. Dorothea stand im Rufe besonderer Begnadung und wurde nach ihrem Tode als Schutzpatronin Preußens verehrt. Bereits 1404 begann in Rom der Heiligsprechungsprozeß. In zwei päpstlichen Bullen wird sie 1486 als Selige erwähnt. Auf Betreiben der Ermländer sprach sie der Papst im Juni 1977 heilig.
In Braunsberg erblickte 1552 die Stifterin der „Löblichen Gesellschaft Sanct Catharinen, Jungfrawen und Martyrinnen" das Licht der Welt. Von einem „glaubwürdigen Priester" besitzen wir ihre 1623 in Krakau erschienene „Lebensbeschreibung". Danach war sie die Tochter des wohlhabenden Kaufmanns Peter Protmann und seiner Ehefrau Regina Tingel. Der Name Protmann taucht erstmals im Jahr 1453 in der Steuerliste der Altstadt Braunsberg auf. Ihre „blühenden Jahre" verbrachte Regina „weltlicher Eitelkeit und Üppigkeit fast geneigt", empfand Lust und Wohlbehagen an Schönheit und schönen Kleidern. Doch Liebe zum Nächsten und Demut kannte sie von Kind an. Im Spital leistete sie Armen und Bedürftigen Hilfe, verfertigte Medikamente gegen Fie-

Kirche zu Groß Montau

ber, Zahnweh und Geschwulst. Bei Kriegsrüstung oder Gefahr des Reiches, der Christenheit oder ihrer Heimatstadt achtete sie auf Fasten und Gebet, versäumte nie eine Predigt. In der Kirche versorgte sie Licht und Lampen, Ostern beim Heiligen Grab, in der Adventszeit und bei Donner und Blitz. In der Führung ihrer Konvente – Braunsberg, Wormditt, Heilsberg, Rößel – zeigte sie sich resolut, gab den Mitschwestern geistlichen Unterricht und war ihnen eine „liebe, getreue, geistliche Mutter". Regina Protmann starb im Alter von 61 Jahren. Ihr Orden breitete sich rasch aus und spielte in der Krankenpflege im Ermland eine bedeutende Rolle. Heute befindet sich das Generalat der Kongregation in Grottaferrata bei Rom.

MÄNNER DER FEDER

Im Ermland erhielt die Geschichtsschreibung einen „besonderen" Impuls. 1503 wurde in Allenstein der Tuchmachersohn Lucas David geboren. Er ging 1526 an die Universität

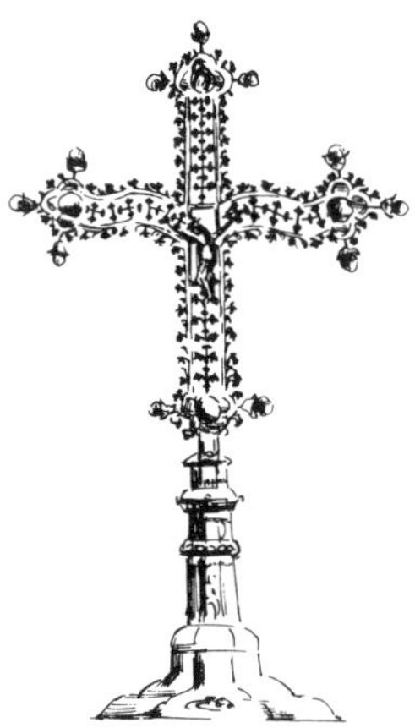

Altarkreuz in Mehlsack

Leipzig, wo er den Magistergrad erwarb. Ihm wurde die Lectio Prutenorum übertragen. 1540 kehrte er in seine Heimat zurück, wurde Kanzler bei Bischof Tiedemann Giese in Kulm und trat später in die Dienste des Herzogs von Preußen.
Bei voller Besoldung als Hofgerichtsrat konnte er sich ausschließlich seinen historischen Interessen widmen. Ihm waren die herzoglichen Archive in Königsberg und Tapiau zugänglich. Auch die Archive des Bischofs und des Domkapitels konnte er benutzen. So sammelte er an die 2000 Urkunden und schrieb seine „Preußische Chronik", wurde Bahnbrecher preußischer Geschichtsschreibung. Als erster sichtete er kritisch. Sein Werk reicht bis zum Jahr 1410; die Materialien für die Fortführung gingen verloren. Seine besonderen Tugenden waren ausgesprochenes Sozialempfinden und eine ausgeprägte Wahrheitsliebe.
In Seeburg wurde um 1572 als Sohn eines Schuhmachers Johannes Leo geboren. Er besuchte das bischöfliche Seminar in Braunsberg. Längere Zeit war er Hausgeistlicher bei Bischof Bathory in Heilsberg und erhielt, zum Priester geweiht, die Pfarrei Kiwitten. Von 1610 bis 1619 war er Erzpriester in Heilsberg und übersiedelte danach als Domherr nach Guttstadt. Beim Herannahen der Schweden flüchtete er. Im Exil in Polen schrieb er die Historia Prussiae. Aus ihr erfahren wir vieles über den Ursprung damals noch üblicher Volksbräuche; auch überlieferte er Urkunden religiöser Art. Das Werk wurde erst 1725 in Braunsberg gedruckt.
Georg Franz Adalbert Heide stammt aus Altkirch bei Guttstadt, wo er 1706 geboren wurde. Er war nach Schul- und Studienausbildung als Kaplan und Pfarrer tätig, wurde 1754 Erzpriester in Heilsberg und kurz vor seinem Tode Domherr in Kulm. Er verfaßte eine Chronik von Heilsberg, trug darin alles zusammen, was die Geschichte der Stadt betraf. Da Heilsberg Residenz der ermländischen Fürstbischöfe war, gilt dieses als Stadtchronik angelegte Werk zugleich als

Landeschronik; die wichtigste unter den ermländischen Chroniken. Das Original ist noch heute erhalten.
Der Historiker Karl Friedrich Pauli stammt aus Saalfeld; er wurde 1723 geboren, studierte in Königsberg und Halle. Sein Hauptwerk ist die „Allgemeine Preußische Staatsgeschichte" in 8 Bänden, 1760–1769, der erste Versuch, ein umfassendes Bild von der Entwicklung des preußisch-brandenburgischen Staates zu zeichnen. Dieses Werk ist auch für das Ermland bedeutsam.
Von Jakob Seeburg wissen wir, daß er 1432 in Frauenburg gestorben ist. Er stammte aus dem Ermland. 1414 erhielt er in Rom das Amt eines Bullenschreibers an der päpstlichen Pönitentiarie, im Dezember 1424 die Domherrnpfründe des Hermann de Mundo und im Mai 1430 die Stelle des Domdechanten in Frauenburg, wo er fortan residierte. Er galt als ein „sunderlicher" Freund des Deutschen Ordens.
Mit der Herausgabe lateinischer Klassiker beschäftigte sich im 16. Jahrhundert der 1511 in Rößel geborene Gregor Wagner. Er begann als Schuhmacher, gab sich jedoch mit seinem Handwerk nicht zufrieden und fing an zu studieren, wurde schließlich Professor und Universitätsdirektor. Als Übersetzer von Reuchlin machte er sich einen Namen. Außerdem sind von ihm hundert Verse „vom zötlichen Hosenteufel" erhalten, die Andreas Musculus 1555 drucken ließ. Darin zitiert er die Bibel und die Kirchenväter gegen den Kleiderluxus seiner Zeit.
Das älteste erhaltene bischöfliche Rechnungsbuch des Ermlands, die „Ratio economi mense episcopalis Warmiensis" für 1533 verdanken wir Paul Snopek, der wahrscheinlich aus Seeburg stammt und 1554 in Frauenburg gestorben ist. Er stand im Dienste des ermländischen Bischofs Fabian, zunächst als Hofkaplan, seit 1514 als Kämmerer. 1522 wurde er Ökonom oder Bistumsscheffer und erlangte schließlich die Domherrenwürde. Er galt als Mäzen der Jugend.
Den Bau der Wallfahrtskirche in Krossen verdanken wir einem Manne, der für das kirchliche Leben des Ermlands

Professoren im Mittelalter

Bedeutung erlangte, dem Erzpriester Kaspar Ziemen Simonis (geboren 1660 in Heilsberg). Er gilt als der Gründer der Kongregation ermländischer Weltgeistlicher, deren erster Propst er wurde.
Der Ratgeber des Fürstbischofs Szembek, seit 1735 bei Abwesenheit des Bischofs regelmäßig zum Statthalter des Bistums bestellt, Nikolaus Anton Schulz, gebürtiger Wartenburger des Jahrgangs 1695, zählte zu den hervorragendsten Verwaltungsbeamten des Bistums. Er vermachte dem Frauenburger Dom zahlreiche Bilder. Wegen seiner großen Verdienste hatten Bischof und Domkapitel ihn im Oktober 1745 zum Domdechanten gewählt.
Wer heute die Sonnenuhren in verschiedenen ermländischen Städten sieht, wird an einen Mann erinnert, der aus Rößel stammt: Josef Tulawski, geboren 1698. Er war Tuchmachersohn, besuchte das Gymnasium seiner Vaterstadt und wurde 1723 in Braunsberg zum Priester geweiht. Er galt als einer der

Postbote des Ordens

besten Prediger seiner Zeit und war obendrein ein guter Kunstkenner. Er verfertigte zahlreiche mathematische und mechanische Instrumente und legte an den Kirchen in Frauenburg und Arnsdorf Sonnenuhren an, die in mehreren Städten nachgeahmt wurden. 1757 veröffentlichte er ein Buch, das eine Anweisung zur Anlage und Beobachtung von Sonnenuhren enthielt. Es erschien 1777 in Leipzig in zweiter Auflage. Oberpräsident Domhardt nannte Tulawski „einen alten curieusen Mann“.
Durch Einheirat kam der nach Braunsberg eingewanderte Buchbindergeselle Peter Rosenbüchler in den Besitz einer Druckerei. Mehr Buchbinder als Buchdrucker, verkaufte er die Druckerei an das Jesuitenkolleg, behielt aber die Binderei und den Buchhandel. Als Bibliopola Brunsbergensis erhielt er am 29. Dezember 1712 ein Monopol für den Buchhandel auf Lebenszeit, das zehn Jahre später zugunsten seiner Witwe erneuert wurde.
Die Jesuiten durften nur Bücher drucken, aber nicht einbinden. Im ganzen Ermland durfte nur die Firma Rosenbüchler Bücher verkaufen. Dieses Vorrecht besaß die Familie bis 1772; die Buchhandlung bestand weiter bis 1812.
Michael Schorn, geboren 1719 in Braunsberg, gehörte seit 1759 dem Rat der Altstadt Braunsberg an. Er übernahm das in seinen Anfängen steckende Postwesen und war bis 1772 der Postmeister des Fürstbistums. Als ein Mann „von schier unermeßlichem Reichtum“ führte er ein „großes Haus“, das jedoch im April 1766 infolge der Wirtschaftskrise nach dem Siebenjährigen Krieg in Konkurs geriet.

IN PREUSSISCHER ZEIT

Auch nach der „Besitzergreifung“ durch Preußen waren im Ermland die Historiker führend. Aloys Jakob Lilienthal, geboren 1802 in Braunsberg, Sohn eines Schmiedemeisters, vorzeitig aus dem Schuldienst in den Ruhestand versetzt, war ein eifriger Heimatgeschichtler. Seit Johannes Leo war er der erste, der sich eingehend mit der ermländischen Geschichte befaßte. Er wurde der Nestor der neuzeitlichen ermländischen Geschichtsschreibung, verfaßte zahlreiche Abhandlungen zur Geschichte Braunsbergs und des Ermlandes. Die Schulbehörde zeigte wenig Verständnis dafür. Als ein Schulrat sich abfällig über seine wissenschaftlichen Arbeiten äußerte, verbrannte er ärgerlich das Manuskript der Stadtgeschichte Braunsbergs.
Aus Thegsten im Kreis Heilsberg stammt Franz Dittrich, Sohn eines Bauern, der in Braunsberg, Rom und München studierte und Privatdozent in Braunsberg wurde. Außer zahlreichen Arbeiten zur ermländischen Kirchengeschichte lieferte er beachtliche Beiträge und Kritiken zur Reformationsgeschichte. Auf seine Anregung ging das christlich-

archäologische Kabinett an der Braunsberger Akademie zurück. Ihm verdankte die Stadt Frauenburg das Coppernicus-Denkmal von 1909.
Einer der bedeutendsten Historiker im 19. Jahrhundert war der 1862 in Mehlsack geborene Sohn eines Maler- und Sattlermeisters Viktor Röhrich. In Breslau und Königsberg studierte er Geschichte und klassische Philologie, wurde 1894 außerordentlicher Professor am Lyceum Hosianum in Braunsberg. Zwei Jahre später war er bereits Ordinarius; zweimal wurde er zum Rektor gewählt. Seine wissenschaftlichen Arbeiten galten ausschließlich der Geschichte des Ermlands. Viel Beachtung fanden seine „Kolonisation des Ermlands" und eine „Geschichte des Fürstbistums Ermland", die er nicht mehr vollenden konnte. Für die Monumenta Historiae Warmiensis bearbeitete er einen Band des Urkundenbuches und einen Band „Quellen zur Kultur- und Wirtschaftsgeschichte Ermlands".
Anton Funk, geboren 1867 in Bogen bei Raunau im Kreis Heilsberg, aus ermländischem Bauerngeschlecht, wurde Volksschullehrer in Allenstein und leitete bis zu seiner Pensionierung die dortige Hilfsschule. Er machte sich durch Heimatforschung verdient. Für den Schulgebrauch schrieb er eine „Geschichte des Preußenlandes und des Deutschen Reiches", die acht Auflagen erlebte. Eine Geschichte und eine Heimatkunde der Stadt Allenstein, wie auch seine Mitarbeit an der umfassenden Geschichte der Stadt Allenstein von Hugo Bonk sind sprechende Zeugnisse für seinen Eifer und seine Heimatliebe.
Zu erwähnen bleibt Adolf Poschmann, geboren 1885 in Neuendorf im Kreis Heilsberg, Sproß einer Kölmerfamilie, der als Studienrat und später als Direktor des Gymnasiums in Rößel wirkte. Er veröffentlichte zahlreiche grundlegende Arbeiten zur ermländischen Landesgeschichte.
Der bekannteste Coppernicus-Forscher unter den Söhnen des Ermlands war Eugen Brachvogel, geboren 1882 als Sohn eines Gerichtskanzlisten in Bischofstein. Er besuchte das Rößler Gymnasium und studierte an der Staatlichen Akademie in Braunsberg Theologie. Schon als Student beschäftigen ihn kirchenhistorische und heimatgeschichtliche Forschungen. 1907 kam er als Domvikar nach Frauenburg und faßte den Entschluß, sich ausgiebig mit dem Leben des Nicolaus Coppernicus zu beschäftigen. 1912 richtete er im Coppernicus-Turm ein kleines Museum ein. 1919 ließ er die Archive des Bischofs und des Domkapitels ordnen und überführte sie 1922 in das alte Palais nach Frauenburg. Im Diözesanarchiv war er ein guter Kenner und Berater. Neben der seelsorgerischen Tätigkeit widmete er sich ganz der Forschung. In den Altpreußischen Forschungen veröffentlichte er 1925 einen Aufsatz „Nicolaus Coppernicus im neueren Schrifttum", dem weitere Arbeiten zum Thema Coppernicus folgten, darunter die bedeutende Untersuchung „Nicolaus Coppernicus und Aristarch von Samos", die 1935 erschien. Darstellungen zur ermländischen Kultur- und Kunstgeschichte, besonders über Frauenburg, rundeten sein Werk. Die Akademie der Naturforscher in Halle ernannte ihn zum Mitglied, doch traf diese Nachricht erst nach seinem Tode im Jahre 1942 ein.

Kloster Wartenburg

Auf seinen Spuren wandelte ein Wahlermländer, der in Danzig geborene Hans Schmauch, den die Stadt Allenstein für seine Coppernicus-Forschungen mit der Nicolaus-Coppernicus-Plakette ehrte.
Nach dem Muster des 1844 in Königsberg gegründeten historischen Vereins „Prussia" und des 1854 in Thorn gegründeten „Coppernicus-Vereins für Wissenschaft und Kunst" riefen fünf ermländische Theologen am 29. Oktober 1856 den „Historischen Verein für Ermland" ins Leben, der bis heute besteht. In seinem Gründungsprotokoll heißt es: Die Geschichte und Altertümer Ermlands je nach seiner kirchlichen und politischen Ausdehnung zu erforschen und sich dabei gegenseitig zu unterstützen, solle Zweck dieses Vereins sein. Der Verein ließ sich in Frauenburg nieder, da sich sämtliche Urkunden und erhalten gebliebenen Archivalien aus der Bistumsgeschichte in der bischöflichen Kurie befanden. Die Entfernung zum naheliegenden Braunsberg ließ sich leicht überbrücken.
In bürgerlicher wie kirchlicher Hinsicht galt es, auf rein wissenschaftlichem Boden die Geschichte und die Altertümer zu erforschen. Der ermländische Bischof Joseph Ambrosius Geritz, der neben dem Oberpräsidenten von Ostpreußen die Statuten genehmigen mußte, meldete sich selbst als Mitglied an. Innerhalb kurzer Zeit hatte der Verein 360 Mitglieder, etwa 70 v. H. davon waren Theologen. Anläßlich des 75jährigen Bestehens erreichte er mit 565 Mitgliedern seine höchste Zahl. Gegenwärtig gehören ihm 480 Mitglieder an. Hinzu kommen korporativ angeschlossene wissenschaftliche Institute und Archive.
Die seit 1858 erscheinenden Publikationen des Vereins sorgten bald für eine über die Grenzen des Ermlands hinausreichende Ausstrahlung, vor allem die Quellenausgaben, der „Codex Diplomaticus Warmiensis", die „Monumenta Historia Warmiensis" und die Reihe der „Scriptores". Die „Monumenta" (Frauenburg 1860 – 1937) liegen in 13 Bänden vor. Sie enthalten u. a. die Quellenschriften zur Literaturgeschichte im Zeitalter des Coppernicus, die Quellen zur Kultur- und Wirtschaftsgeschichte des Bistums, die Braunsberger Matrikel und das Album Scholasticum Braunsbergiense. Ferner gibt der Verein die „Zeitschrift für die Geschichte und Altertumskunde Ermlands" heraus. Wer sich über Frühgeschichte, Entwicklung der politischen, wirtschaftlichen und kirchlichen Verhältnisse, Kolonisierung, Städte und Gemeinden, Erziehung, Wissenschaft und Kunst unterrichten will, findet in ihr reichhaltiges Studienmaterial. Besonders die umfangreichen Coppernicus-Studien haben in aller Welt Beachtung gefunden.
Der „Historische Verein für Ermland" wurde 1955 in Münster neu begründet.

Dorf Langwalde

GEISTESWISSENSCHAFTEN

Bedeutende Beiträge zur Kunst- und Musikgeschichte lieferten die Brüder Hubert und Leo Schrade, Söhne eines Allensteiner Lehrers. Hubert, der Ältere, 1900 geboren, studierte Religionsgeschichte, Literaturgeschichte und Philosophie, promovierte 1922 in Heidelberg und habilitierte sich dort vier

Jahre später mit einer Schrift über Franz von Assisi und Giotto. Er schrieb eine Riemenschneider-Biographie. Nach dem Zweiten Weltkrieg erhielt er ein Ordinariat für Kunstgeschichte in Tübingen, wo er sich der Erforschung der Malerei der Romantik zuwandte.

Sein Bruder Leo, 1903 geboren, studierte in Heidelberg, München und Leipzig Musikwissenschaft und promovierte in Leipzig über die ältesten Denkmäler der Orgelmusik. Seit 1932 lehrte er an der Bonner Universität, verließ 1938 Deutschland und ging zur Yale University nach New Haven. 1958 wurde er Ordinarius an der Universität Basel und Direktor des dortigen Musikwissenschaftlichen Instituts. Er begründete die Yale Studies in the History of Music, deren Herausgeber er von 1947 bis 1958 war. Auch gab er das Collegium Musicum der Yale University heraus und war Mitarbeiter an führenden Musikzeitschriften.

1891 wurde in Allenstein als Sohn eines Realschullehrers Benno Böhm geboren. Er kehrte nach dem altphilologischen Studium in München, Berlin und Königsberg als Lehrer an seine alte Schule, das Allensteiner Gymnasium, zurück. Seit jeher hatte ihn die Gestalt des Sokrates interessiert, mit der er sich in seinem Buch „Sokrates im 18. Jahrhundert“ auseinandersetzte, das von der wissenschaftlichen Welt mit großer Anerkennung aufgenommen wurde. Böhm war ein hervorragender Pädagoge.

Die Sonderstellung, die das Allensteiner Staatliche Gymnasium im Ermland einnahm, brachte es mit sich, daß bedeutende Geisteswissenschaftler, die nicht ermländischer Herkunft waren, in ihrer Jugend von ermländischer Umgebung geprägt wurden, an ihrer Spitze der weltbekannte Architekt Erich Mendelsohn, 1887 in Allenstein geboren, dessen erste Zeichen- und Bauentwürfe in seine Heimatstadt zurückführen: das Plakat „Allenstein – Ostpreußens Gartenstadt“ und der Bau der Friedhofshalle für den jüdischen Friedhof in Allenstein. Mendelsohns Interesse galt der Technik, der Bauweise und dem Material. Als Professor für Architektur

Burg Plut in Plauten

lehrte er in Kalifornien. Dort schrieb er vielbeachtete Architekturbücher.

In Mohrungen wurde 1888 der Schriftsteller und Literarhistoriker Walther Harich geboren, der seine Jugend in Allenstein verbrachte, wohin der Vater 1897 die 1832 gegründete Harich'sche Druckerei verlegt hatte. Er edierte die 15bändige E. T. A. Hoffmann-Ausgabe, schrieb eine zweibändige Hoffmann-Biographie und eine Biographie Jean Pauls. In einer Reihe vielgelesener Volksromane fanden Eindrücke aus seiner frühen Jugend ihren Niederschlag.

Heinz Tiessen wurde 1887 in Königsberg geboren. Seine Vorfahren waren fränkischer und Salzburger Herkunft. Nach dem Besuch des Allensteiner Gymnasiums studierte er zuerst Jura, dann Philosophie, Musik- und Literaturgeschichte in Berlin, wurde 1930 Professor für Komposition und Theorie an der Staatlichen Hochschule für Musik. Er erforschte den Gesang der Vögel, insbesondere der Amseln. Seine frühen Kompositionen waren stark vom Geist seiner Heimat geprägt.

In Königsberg wurde 1905 Erich Trunz geboren, der in Allenstein aufwuchs, wo sein Vater die Zweigstelle der Landwirtschaftskammer leitete. Als einer der bedeutendsten Germanisten und Goetheforscher unseres Jahrhunderts

Pfaffenturm in Braunsberg

wurde er mit der Goldenen Goethe-Medaille der internationalen Goethe-Gesellschaft ausgezeichnet. Sein Hauptwerk ist die 14bändige Hamburger Goethe-Ausgabe, die er nach neuesten wissenschaftlichen Gesichtspunkten anlegte und zu der er gültige Kommentare schrieb. Die Stadt Allenstein verlieh ihm den Nicolaus-Coppernicus-Preis.

NATURWISSENSCHAFTEN

Wenn auch die Geisteswissenschaften im Ermland einen Vorzug genossen, was nicht zuletzt der Tatsache zuzuschreiben war, daß die einzige Akademie des Landes nur eine theologische und philosophische Fakultät besaß, kann das Ermland doch auf bedeutende Naturwissenschaftler stolz sein.

Cajetan Joachim von Laczynski, Sohn eines polnischen Kapitäns, Erbherr auf Schönau, und der Tochter des Wartenburger Bürgermeisters Christoph Ziemann, wurde 1770 in Schönau bei Wartenburg geboren. Als Schloßpropst von Heilsberg beschäftigte er sich wissenschaftlich mit mathematischen und physikalischen Studien. Fürstbischof Josef von Hohenzollern schlug ihn 1820 dem Ministerium als Professor der Mathematik am neuen königlichen Lyceum Hosianum in Braunsberg vor, fand aber kein Gehör bei der Preußischen Regierung.

1833 veröffentlichte von Laczynski erste Forschungsergebnisse in deutscher und französischer Sprache. In Mohrungen erschien seine „Anleitung, aus der bekannten Polhöhe die Abweichung der Magnetnadel zu finden". Es folgte ein Lehrbuch der ebenen Trigonometrie, eine Theorie der Aeronautik. Mit seiner in allen Einzelheiten durchdachten Idee eines lenkbaren Luftschiffes wurde er der Vorgänger des Grafen Zeppelin.

Der Guttstädter Apothekersohn Friedrich Ernst Dorn, geboren 1848, studierte in Königsberg Mathematik und Naturwissenschaften und habilitierte sich 1873 in Greifswald. In seiner Dissertationsschrift ging es um die Transformation elliptischer Integrale und ultraelliptischer Funktionen. Er arbeitete später über die Erdtemperatur und wurde als Professor der Physik nach Breslau berufen, wo er elektrische und magnetische Messungen durchführte. Als Professor in Darmstadt und Halle, 1895 Direktor des physikalischen Instituts, wählte er Widerstandsmessung, Röntgenstrahlen, Radioaktivität und flüssige Kristalle als seine Arbeitsgebiete. Der Ausbau des physikalischen Laboratoriums in Halle war sein besonderes Verdienst.

Der Gutsbesitzersohn Josef Felix Pompecki aus Groß Köllen bei Rößel, 1867 geboren, studierte an der Albertina Geologie und Paläontologie und promovierte 1890 über die Trilobitenfauna der ost- und westpreußischen Diluvialgeschiebe. 1902 erhielt er den Preis der Naturforschenden Gesellschaft in Danzig und wurde im folgenden Jahr außerordentlicher Professor. 1925/26 war er Rektor der Berliner Universität

und galt als einer der bedeutendsten Gelehrten seines Fachs. Er zählt zu den wenigen deutschen Professoren, die nie ein Buch veröffentlicht haben. Eine Fülle von Schriften fand man erst nach seinem Tod, der ihn mitten aus seiner Tätigkeit riß.
In Braunsberg wurde 1871 Ernst Tiessen geboren. Er war der Lieblingsschüler des Geographen Ferdinand Freiherr von Richthofen. In den Spuren des Meisters wandelnd, ließ er 1902 das Buch „China, das Reich der 18 Provinzen“ erscheinen und bearbeitete nach dem Tod Richthofens dessen Nachlaß. An dem von Tiessen 1906 ins Leben gerufenen „Richthofen-Tag“ versammelten sich die Richthofen-Schüler, deren bedeutendster Sven Hedin war.
In „Meister und Schüler“, 1933, faßte er Richthofens Briefe an Sven Hedin zusammen; in den letzten Lebensjahren schrieb er seine Memoiren und die Biographien von Richthofen und Hedin.
Josef Graw, ein Bauernsohn aus Siegfriedswalde im Kreis Heilsberg, geboren 1854, besuchte die Volksschule und wurde Bauer in Sommerfeld, Kreis Heilsberg, später Pächter des bischöflichen Gutes Schmolainen bei Guttstadt. Er arbeitete mit an den Selbsthilfeorganisationen des ermländischen Bauernvereins und wurde 1889 Mitbegründer des Verbandes der wirtschaftlichen Genossenschaften und Verbandsrevisor, 1893 Landtagsabgeordneter des Wahlkreises Allenstein-Rößel, 1895 Ausschußmitglied der preußischen Zentralkasse und der ostpreußischen Landgesellschaft. 1904 übernahm er den Vorsitz des ermländischen Genossenschaftsverbandes. Zehn Jahre später war er Direktor der ermländischen Zentralkasse. Durch zielbewußte genossenschaftliche Arbeit erwarb er in der Heimat hohes Ansehen.
In Lichtenau im Kreis Braunsberg wurde 1867 als Sohn eines Mühlenbesitzers Anton Lingk geboren, der nach dem Besuch des Rößeler Gymnasiums als landwirtschaftlicher Beamter die Müllerei erlernte. Er erwarb die Klutkenmühle bei Guttstadt, zu der ein größerer Landbesitz gehörte. 1925 wurde er zum Präsidenten des ermländischen Bauernvereins gewählt und blieb dies bis zur Auflösung des Vereins. Er widmete sein Interesse den landwirtschaftlichen Genossenschaften, war mehrere Jahre hindurch Vorsitzender des Aufsichtsrats der ermländischen Hauptgenossenschaft und der Ermländischen Zentralkasse.
Der Mehlsacker Kaufmannssohn Georg Matern, geboren 1870, besuchte das Gymnasium in Allenstein und Rößel und studierte am Lyceum Hosianum Theologie. Nach einer kurzen Laufbahn als Geistlicher ernannte ihn Bischof Andreas Thiel 1896 zu seinem Hofkaplan.
Im Mai 1909 übernahm er die Schriftleitung der Ermländischen Zeitung in Braunsberg, schlug jedoch erneut die geistliche Laufbahn ein und ließ sich, 1936 in den Ruhestand tretend, in Allenstein nieder.
Als Landpfarrer in Schalmey hatte er eine führende Stellung im ermländischen Bauernverein, wurde Mitbegründer und Geschäftsführer des ermländischen Caritasverbandes. Er kämpfte gegen die Güterschlächter, die Landflucht und die Landverdrossenheit und plante die Aussiedlung von Landar-

Kirche von Benern

beitern. Er wurde zum Ehrenbürger der Stadt Rößel ernannt, die einer Straße seinen Namen gab.

VOM SPORT ZUR POLITIK

Als 24jähriger gab Konrad Friedländer, geboren 1831 in Dittrichsdorf im Kreis Heilsberg, an der Elbinger Realschule Turnunterricht. Er war Mitbegründer des Männerturnvereins in Elbing und des Turnkreises Nordost, den er von 1861 bis 1868 leitete. Unter seiner Mitwirkung kam 1868 in Weimar die Einigung der Turner zur „Deutschen Turnerschaft" zustande. Die Stadt Leipzig berief ihn 1869 zum Direktor der ersten höheren Bürgerschule. 1873 übernahm er die Leitung des Johanneums in Hamburg. Er starb 1896 auf einer Reise, die der Erholung dienen sollte. Friedländer schrieb das Erinnerungsbuch an das erste preußische Provinzialturnfest von 1862, machte Vorschläge zur Organisation des Turnens in den preußischen Schulen und gab ein Merkbüchlein zum Geräteturnen heraus.
Ein Weltrekordler im Sport war der „moderne Ikarus" Ferdinand Schulz, 1892 als Lehrerssohn in Pissau, später Waldensee, geboren. Schon als Knabe fertigte er Flügel an und fuhr über den benachbarten zugefrorenen Lauternsee. Er besuchte die Dorfschule und das Lehrerseminar in Thorn. In den Ferien bastelte er Gleiter aus Stoffresten und Pergamentpapier. Am Ersten Weltkrieg nahm er als Flugzeugführer teil. Nach Kriegsende baute er sich ein eigenes Flugzeug, die „Besenstielkiste", mit dem er zu seiner größten Enttäuschung zum Rhönwettbewerb nicht zugelassen wurde. Doch bewährte sich sein Flugzeug beim Küstensegelflugwettbewerb in Rossitten. Am 11. Mai 1924 blieb er damit acht Stunden und zweiundvierzig Minuten in der Luft und errang einen Weltrekord.

Kirche von Glockstein

Schulz wurde Sieger bei zahlreichen Wettbewerben. 1926 stellte er einen Weltrekord im Doppelsitzer mit neun und einer halben Stunde auf und verbesserte diesen 1927: vierzehn Stunden und sieben Minuten. Ihm glückte ein Langstreckenflug von 60 Kilometern, wobei er eine Höhe von 503 Metern erreichte.
Schulz wurde als Fluglehrer nach Rossitten berufen. Er ging zum Motorflug über, blieb aber das Idol der Segelflieger. In Marienburg flog er unter den Nogatbrücken hindurch; doch bei einem Schauflug in Stuhm löste sich eine Tragfläche von seiner einmotorigen Maschine. Auf dem Marktplatz stürzte er am 16. Juni 1929 inmitten der Menschenmenge ab. Er wurde auf dem Heilsberger Waldfriedhof begraben.
Der Sohn eines Instmanns aus Kirschienen im Kreis Braunsberg, Johannes Ernst, geboren 1888, wurde Landarbeiter, zog ins Ruhrgebiet, wo er 1905 erstmals unter Tage arbeitete. Er trat dem Gewerkverein christlicher Bergarbeiter bei, diente im Ersten Weltkrieg in der Kaiserlichen Marine und widmete sich nach dem Kriege der Gewerkschaftsarbeit im Waldenburger Bergland. 1923 wurde Ernst von der Belgischen Besatzungsbehörde aus Aachen ausgewiesen. 1932 zog er als Abgeordneter in den Deutschen Reichstag ein. In der Versicherungswirtschaft stieg er zum Aufsichtsratmitglied

auf. 1944 wurde er zusammen mit Konrad Adenauer verhaftet.
Als Arbeits- und Sozialminister in Nordrhein-Westfalen wie als Staatsminister für Bundesangelegenheiten sorgte er sich um die Betreuung und Zusammenführung der nach Nordrhein-Westfalen verschlagenen Heimatvertriebenen. Die Ermländer dankten ihm dafür anläßlich seines 70. Geburtstags durch die Verleihung der Ehrenmitgliedschaft im „Historischen Verein für Ermland". Vom Papst und von der Bundesregierung erhielt er hohe Auszeichungen.
Rainer Barzel, als Sohn eines Studienrats 1924 in Braunsberg geboren, verbrachte seine Kindheit im Ermland. 1931 ging er mit seinen Eltern nach Berlin, wo er sich der katholischen Jugendbewegung, dem Bund „Neudeutschland", anschloß. Nach dem Zweiten Weltkrieg, an dem er als Offizier teilgenommen, studierte er Rechtswissenschaften und Volkswirtschaft in Köln. 1948 promovierte er zum Dr. jur. und trat in den Dienst der Regierung des Landes Nordrhein-Westfalen. Nach steiler Karriere in der Christlich-Demokratischen Union und in der Regierung wurde er im Dezember 1962 Bundesminister für Gesamtdeutsche Fragen. Er verlor dieses Amt beim Regierungswechsel 1963, blieb aber im Deutschen Bundestag und leitete zeitweise dessen Wirtschaftsausschuß und Auswärtigen Ausschuß. 1982 erhielt Barzel sein altes Ministerium, jetzt Bundesministerium für innerdeutsche Beziehungen genannt, wieder. 1983 wurde er zum Bundestagspräsidenten gewählt.

DIE JUDEN IM ERMLAND

Den ersten Juden im Ermland verzeichnet eine Braunsberger Chronik 1713, obwohl das Fürstbistum keine Juden duldete. Später bildete sich in der ermländischen Metropole eine kleine Gemeinde; eine Synagoge wurde erst 1854 erbaut.
Als 1772 bei der „Ersten Teilung Polens" Friedrich der Große

Braunsberg, bei der Pfarrkirche

vom Ermland Besitz ergriff, kam es zur Aufhebung des Niederlassungsverbots für Juden im Neupreußischen Gebiet. Auch hier trat das am 11. März 1812 von König Friedrich Wilhelm erlassene „Edikt betreffend die bürgerlichen Verhältnisse der Juden in den Preußischen Staaten" in Kraft, in dem die Juden mit Generalprivilegien, Naturalisationspatenten, Schutzbriefen und Konzessionen ausgestattet und samt ihren Familien „zu Einländern und Preußischen Staatsbürgern" erklärt worden waren. Sie waren verpflichtet, „fest bestimmte Familiennamen" zu führen und sich der deutschen oder lateinischen Schriftzüge bei Unterschriften zu bedienen. Sie sollten gleiche Freiheiten und Rechte wie die Christen genießen, konnten akademische Lehr-, Schul- und Gemeindeämter verwalten. Es war ihnen freigestellt, sich in Städten oder auf dem Lande niederzulassen, sie konnten Grundstücke erwerben und Gewerbe betreiben.
1812 gab es in Heilsberg sechs jüdische Familien mit 21 Köpfen, 1825 zweiundzwanzig Familien mit insgesamt 87

Abgebrochene Kirche zu Diwitten

Köpfen – meist aus Westpreußen zugezogen. In Mehlsack wurden Juden 1772 ansässig. In Wormditt, wo sich im Jahr 1800 eine erste jüdische Familie ansiedelte, mußte bereits 1806 ein jüdischer Friedhof angelegt werden; 1849 wurde eine Synagoge gebaut.
Die Juden ließen sich fast ausschließlich in Städten nieder. Auf dem Land traten sie nur hier und dort als Kaufleute an Markttagen in Erscheinung.
Die bedingungslose Gleichstellung aller Bürger wurde erst in der Verfassung des Deutschen Reiches von 1871 verankert. Einzelne Juden ließen sich 1812 in Bischofstein nieder, nach 1814 in Rößel und Guttstadt. Zu dieser Zeit wurde eine „wachsende Zahl durchziehender jüdischer Händler" registriert. Erste Juden traten 1819 in Allenstein auf. Hier bildete sich bald eine größere Gemeinde mit einer Synagoge und einem Gemeindezentrum. 1867 wurde erstmals ein Jude zum Beigeordneten der Stadt gewählt, doch von der preußischen Regierung in seinem Amt nicht bestätigt.
Die Juden unterschieden sich von der übrigen Bevölkerung vorzugsweise an ihren Festtagen durch ihre Kleidung. Sie trugen schwarze Oberröcke und Halbzylinder oder schwarze Käppchen. Im Ermland gab es die „katholischen Juden", die an den christlichen Feiertagen, insbesondere am Fronleichnamstag, ihre Häuser wie die nichtjüdischen Nachbarn schmückten und sich der Landbevölkerung und vor allem den Klöstern gegenüber recht großzügig zeigten.
Jüdische Lehrer unterrichteten in „privaten Vorschulen" Kinder aller Bekenntnisse und bereiteten sie (meist sehr gut) auf den Besuch der höheren Schulen vor.
Einen beträchtlichen Anteil hatten die Juden am Getreide- und Futtermittel-, vor allem aber am Pferdehandel.
Nach der „Kristallnacht" verließen die meisten das Ermland und wanderten aus. Die Verbliebenen teilten das Schicksal der Juden in der Provinz und im Reich.

ZEUGNISSE DER BACKSTEINGOTIK

Für das Fürstbistum bestand weder ein äußerer Zwang noch eine innere Notwendigkeit, sich beim Burgenbau der Auffassung des Deutschen Ordens anzuschließen. Fürstbischof und Domkapitel brauchten eine geschützte Residenz und sichere Verwaltungssitze, um den drohenden Einfall der Nachbarvölker gegebenenfalls abwehren zu können. Das Fürstbistum kannte nie Eroberungsabsichten. Das Gebiet war vom Orden erobert worden, seine Burgen dienten diesem Zweck. Die Burgen des Bistums hatten einen friedlichen Charakter.
Das Bistum besaß seine eigenen Verbindungen mit dem Mutterland und konnte selbständig und in eigener Verantwortung aus dem unermeßlichen Vorrat westlicher Entwicklung schöpfen. Es war auf den Orden nicht angewiesen. Die erste große Bauperiode fiel in die zweite Hälfte des 14.

Jahrhunderts; der größte Förderer war Bischof Heinrich III. Sorbom, ein Zeitgenosse des Hochmeisters Winrich von Kniprode, unter dessen Führung der Orden seine höchste Blüte erlebte. Fürstbischof und Domkapitel bauten die Burgen, die neugegründeten Städte und Orte ihre Kirchen, Stadtbefestigungen und stattliche Tore.
Als Baumaterial diente der selbstgestrichene rote Backstein, der im Läufer- oder Binderverband, oft auch in gemischten Rhythmen gesetzt wurde, zuweilen mit aus verschiedenen Klinkern vorgemauerten Blenden, wie man ihn in den Niederlanden und in Norddeutschland verwendete. Hauptmerkmal der Backsteingotik waren die großen glatten Flächen und weitgehender Verzicht auf äußeren Schmuck.
Die Bischofs- und Domkapitelburgen waren meist in Flußbiegungen angelegt, um die natürliche Lage zur Verteidigung zu nutzen: Heilsberg an einer Biegung der Alle und am Einfluß der Simser, Allenstein am Alleknie, Wormditt an der Biegung des Drewenzflusses und Mehlsack an der Biegung der Walsch. Nur äußerlich folgten sie dem Schema der Konventshäuser des Ordens. Sie dienten nicht dem Leben einer geistlichen Gemeinschaft, sie waren repräsentative Aufenthaltsorte der Fürstbischöfe oder Verwaltungssitze. Ein weicherer, malerischer Stil unterschied die meisten von den herben Ordensbauten.
Die großen Hallenkirchen mit hohen Gewölben und reichem Innenschmuck hatten meist keinen eigenen Altarraum, wie Rößel, Heilsberg, Guttstadt, Allenstein, Seeburg. Ihnen waren oft Türme vorgebaut, später durch einen Kapellenkranz in die Kirche einbezogen. Dorfkirchen konnten es, wie etwa in Santoppen, mit den Stadtkirchen durchaus aufnehmen.
Als Baumeister galten im 14. Jahrhundert die Fürstbischöfe, die eigentlichen Baumeister nannten sich Maurer. So kennen wir aus Braunsberg die Maurer Penkun und Bernt wie den Zimmermeister Johannes. Die Gewölbe in Allenstein stammen vom Meister Nikolaus. Lyphardus de Daddeln wird in einer Urkunde von 1395 als „magister Artium" beim Bau der Kathedrale in Frauenburg genannt.
Stadttore und Rathäuser spielten in der Profanbaukunst des ausgehenden 14. und beginnenden 15. Jahrhunderts eine Rolle.
In Wormditt stand eines der schönsten Rathäuser des Ermlands, berühmt ob seiner schmucken Staffelgiebel. Um die Rathäuser schlossen sich Verkaufsstände, die sogenannten Hakenbuden. Städte wie Braunsberg und Allenstein hatten jeweils drei Haupttore. Ende des 14., Anfang des 15. Jahrhunderts begannen wegen der Feuersicherheit die Bürger, ihre Häuser aus Stein zu errichten.

DIE KUNST IN FRÜHESTER ZEIT

Uns ist kein Prusse als Künstler bekannt. Hier geht es um eine „übertragene" Kunst. Alle Künstler kamen als Siedler oder

Kirche in Schulen

mit den Siedlern ins Land. Daraus ergibt sich ein vielschichtiges Bild. Nur weniges hat die Zeiten überlebt. Linear gezeichnete gotische Grabsteine aus der Zeit nach 1350 gibt es im Frauenburger Dom, wo man auch die ersten Bildwerke aus Ton und Kalkstein an den Pforten der Vorhalle findet, die nach 1380 entstanden. Friesartigen Bildschmuck aus dieser Zeit weist die Pfarrkirche in Wormditt auf. Eine frühe Gestaltung ist der heilige Georg aus Alt Münsterberg, um 1390 geschaffen. Mariengestalten gab es gewiß in dieser Zeit. Als frühester, kunstvoll gestalteter Hochaltar ist der ehemalige Hochaltar aus dem Frauenburger Dom aus dem Jahre 1504 bekannt: ein Doppelflügelaltar, im Mittelpunkt die Madonna mit dem Kind, umgeben von Szenen aus dem Marienleben. Aus dem Jahr 1510 stammt der Guttstädter Gnadenstuhl, eine frühe Darstellung der Heiligen Dreifaltigkeit.

Eine Meisterleistung der Edelschmiedekunst ist der silbergetriebene Heilige Petrus in der Pfarrkirche von Rößel, um 1500 entstanden.

In Braunsberg befand sich eine Bronzegrabplatte, in Steinplatten eingelassen, das Grabmal des Fürstbischofs Paul von Legendorf aus dem Jahr 1494, eines der schönsten Werke dieser Gattung.

Kelch in Queetz

In Kirchen und Burgen boten sich der Malerei Wandflächen; Deckenmalerei trat wegen der Gewölbeformen weitgehend zurück. Gemalte Altartafeln gab es noch selten. Eines der frühesten Zeugnisse ist die dreiteilige Altartafel mit der Kreuzigung Christi für den Frauenburger Dom aus dem Jahr 1390. An der Nordseite des Frauenburger Doms fand man stark zerstörte Malereien. Die meisten Gemälde gingen verloren, so der Flügelaltar von Pettelkau um 1500 und die Hochaltarbilder für Migehnen und Allenstein. Ein wichtiges Zeugnis ist das Hauptbild für die Muttergotteskapelle in Braunsberg: Madonna mit Kind und Rosenkranz, umgeben von musizierenden Engeln. Glasmalereien sind aus der Frühzeit nicht erhalten.

Wertvolle Holzschnitzwerke, Altaraufsätze, Chorgestühle, Trageleuchter sind Kriegen und Bränden zum Opfer gefallen. Holzschnitzwerkstätten in Frauenburg und Rößel, die für den Fürstbischof und das Domkapitel arbeiteten, kennen wir aus schriftlicher Überlieferung. Gegen Ende des 15. Jahrhunderts hat es in Braunsberg vier, in Rößel zwölf Meister der Goldschmiedekunst gegeben. Zu den meistgefertigten sakralen Gegenständen zählten Kelche. Das große Kreuz mit Reliquiar in der Kirche in Rößel stammt aus dem 15. Jahrhundert. In einen Kelch für die Braunsberger Kirche hat der Goldschmied Jorge Knochenhawer seinen Namen und die Jahreszahl 1489 graviert. Auch ein Kelch der Wartenburger Kirche trägt eine Jahreszahl: 1488. Das Pazifikale des Frauenburger Doms schmückt das Wappen des Fürstbischofs Watzenrode. Neben Edelmetallen wurden auch Bronze, Messing und Eisen zur Herstellung kunsthandwerklichen Gutes verwendet.

Die Renaissance führte als Kunstrichtung Herzog Albrecht, der letzte Hochmeister des Ordens und erste Herzog in Preußen, nach der Säkularisierung des Ordensstaates ein. Sie galt als die „Kunstrichtung der Reformation“. Das Ermland blieb von Reformation und Renaissance gleichsam unberührt. Kirchen wurden kaum mehr gebaut. Allein wenige

Bürgerhäuser in den Städten, bei denen der „Beischlag" aufkam, zeugen von Stileinflüssen über die Grenze des Herzogtums hinweg. Wo Renaissanceeinflüsse auftraten, kamen sie hauptsächlich aus Köln und aus den Niederlanden. Erste Renaissancedenkmäler waren die Grabmale.

In der Pfarrkirche zu Heilsberg ließ Fürstbischof Dantiscus 1539 ein Grabmal für seine Mutter anfertigen. Im Renaissancestil errichtet wurde das Grabmal des Johannes Timmermann von 1564 im Frauenburger Dom. Das bedeutendste Werk dieser Zeit, das Wandgrabmal, Barthory-Denkmal genannt, in der Klosterkirche zu Wartenburg stammt aus dem Jahr 1598.

Einige Stein- und Holzarbeiten zeugten von besonderer Begabung der Bildhauer, so das Wappen des Bischofs Mauritius Ferber, für Frauenburg in Stein gehauen, und die Holzschnitzereien des Tischlers Hans Pauermann aus Wormditt.

Edelschmiede aus Rößel und Braunsberg schufen in der neuen Stilrichtung kostbare Arbeiten. Guttstadt erhielt 1541 ein Silberkreuz mit sechspassigem Fuß, Wormditt 1565 eine silbervergoldete Zylindermonstranz. Aus dem Jahr 1568 stammt der Kelch Bischof Kromers in Frauenburg mit aufgelöteten Silberplatten. Nach 1581 entstand das große Altarkreuz in Mehlsack, eine Silberarbeit. Braunsberg erhielt 1588 einen silbervergoldeten Kelch. Eine Sonderstellung nimmt das Guttstädter Ziborium von 1591 ein.

DIE ZWEITE STILRICHTUNG

Auch der Barock war keine bodenständige Kunstrichtung, doch versuchten einheimische Künstler, das ins Land hereingebrachte Gut zu verarbeiten und sich den Strömungen der Zeit anzupassen. Während im Königreich Preußen barocke Schlösser und Herrensitze das Bild des Landes prägten, wurde im Fürstbistum Ermland die Barockzeit zur Zeit der

Monstranz in Alt Wartenburg

großen Wallfahrtskirchen. Als Glanzstück gilt die Jesuitenkirche Heiligelinde, von 1687 bis 1693 nach dem Muster der süddeutsch-italienischen Jesuitenbauten errichtet. Der Kirchenbau konnte 1730 als abgeschlossen angesehen werden. Das Kircheninnere ist ganz vom Geist der Barockzeit erfüllt. Als Erbauer der Kirche gilt Georg Ertly. Der zweite Barockbau ist die Wallfahrtskirche in Krossen, von dem Wormditter Baumeister Johann Christof geschaffen. Die Grundsteinlegung fand 1715 statt. Von 1720 bis 1728 wurden die Wallfahrtskirche Stegmannsdorf im Kreis Braunsberg, von 1639 bis 1771 die Franziskaner-Wallfahrtskirche Springborn und von 1722 bis 1726 die Wallfahrtskirche in Glottau im Kreis Heilsberg erbaut.

Zu den wichtigsten Zeugnissen der Bildhauerkunst dieser Epoche zählen die Altäre und Beichtstühle in Heiligelinde, die Kanzeln in Petershagen und Guttstadt und das große Triumphkreuz von Isac Riga in der St. Jakobikirche in Allenstein. Bekannt sind aus dieser Zeit die Namen der Bildhauer Christian Schmidt aus Rößel und Johannes Frey aus Braunsberg.

Kirche in Reimerswalde

Auch die Malerei erlebte in der Barockzeit eine Blüte. Von der zweiten Hälfte des 17. Jahrhunderts bis zum Anfang des 18. Jahrhunderts lebte in Heilsberg der Maler Georg Piper, der für viele ermländische Kirchen Bilder malte. Er war ein Maler des Hell-Dunkel und ein guter Zeichner. Peter Kolberg, Ratsherr und Maler in Guttstadt, später Bürgermeister von Mehlsack, malte hauptsächlich Bilder für Kirchen. „Colberg pinxit 1710" steht unter dem Hauptbild des Rosalienaltars im Dom zu Frauenburg. Er hatte sich Raffael zum Vorbild genommen. Als Raummaler ist Matthias Meyer aus Heilsberg bekannt geworden. Sein Hauptwerk malte er für Heiligelinde. Berühmte Deckengemälde schuf Andreas Wichert aus Mehlsack. Bekannt wurde in der ersten Hälfte des 18. Jahrhunderts auch Rochus Langhanki aus Bischofstein.

Dem Maler Jakob Kolberg werden eine Kreuzigung in Heiligelinde sowie eine Kreuzigung, Kreuzabnahme und Grablegung in Guttstadt zugeschrieben. Vermutlich war er der Vater des Peter Kolberg, der zu den namhaftesten Barockmalern des Ermlands zählt. Er hatte mit Unterstützung des Bischofs Sbaski in Italien studiert und bezeichnete sich auf einem früher im Frauenburger Dom befindlichen Gemälde der Geburt Christi von 1714 als Mehlsacker. Heute besitzt der Dom von ihm die heilige Katharina von 1710 im Dechantenaltar. Für die Kirche in Plauten malte er 1703 ein Abendmahl, 1712 einen heiligen Antonius und einen heiligen Sebastian für Heinrikau. Ihm zugeschrieben werden auch die Heiligen Drei Könige in Rößel, die heilige Rosalia in Mehlsack, die Dreifaltigkeit in Guttstadt, der heilige Dominikus in der Frauenburger Pfarrkirche wie auch mehrere Bischofsbilder in Frauenburg. Sein letztdatiertes Werk sind die Bilder an der Kanzel in Heiligelinde, gemalt 1725. Mehrfach hat er sein Selbstbildnis hinzugefügt.

Josef Korzeniewski wurde um 1732 in Heilsberg geboren. Er war Sohn des Hofchirurgs des ermländischen Fürstbischofs. Nach dem Besuch des Rößeler Gymnasiums wurde er Hofmaler der Bischöfe Grabowski und Krasicki. 1762 malte er ein Bild des heiligen Georg für den Hochaltar in Freudenberg, Kreis Rößel. Sein Schaffen, das besonders im Zeichen der Altarbilder stand, reicht ins Rokoko hinein. Für den Hochaltar der Rößeler Pfarrkirche schuf er ein Altarbild mit den Aposteln Petrus und Paulus in Lebensgröße, das ein Brand 1806 vernichtete. Verloren ging auch sein Apostelbild für die Heilsberger Kirche. Später gab er seinen Beruf auf und wurde Burggraf von Frauenburg.

Das Kunsthandwerk erlebte seine glanzvollste Epoche. In den Jahren zwischen 1680 und 1750 entstanden der heilige Andreas aus purem Gold für den Frauenburger Dom, der Schutzpatron des Bistums, und der heilige Paulus für die Pfarrkirche in Rößel. Für das Bistum arbeitete vor allem Meister Michael Bartolomowicz, der 1687 in Allenstein und 1704 in Guttstadt weilte. Er schuf die Turmmonstranz in Braunswalde. Monstranzen waren seine Spezialität. Von

Samuel Grew aus Königsberg stammt die Lindenbaummonstranz in Heiligelinde aus dem Jahr 1720. Christian Friedrich Herold schuf 1740 die Sonnenmonstranz.
Aus unedlem Metall entstanden Kronleuchter, Ewige Lampen, Standleuchter und Zinnarbeiten. Siegfried Schwarz aus Rößel schmiedete 1734 das Gittertor in Heiligelinde, während die Gitter der dortigen Umgänge dem Schmied Zeloff aus Frauenburg zugeschrieben werden. 1736 entstand die Taufe mit Gittern in der Wallfahrtskirche Glottau. Ein Meisterwerk der Schmiedekunst bildete das Tor zum Kirchhof der Wallfahrtskirche in Krossen, um 1740 geschaffen. Gerade die Wallfahrtskirchen bemühten sich um prächtiges Gitterwerk.
Eine Werkstätte für Ofenkacheln gab es in Allenstein. Statt der bisher weißen wurden in der Barockzeit farbige Kacheln gebrannt und bisweilen umrahmt. Die Ofenecken erhielten Säulenschmuck. In Schönwalde gab es bereits 1680 einen Ofen aus grünglasierten Kacheln. Die schönsten Barock-Kachelöfen erhielt der Kapitelsaal der Domburg Frauenburg. Aus Elbing und Tolkemit stammten die Prunkstücke für das Kollegiatstift Guttstadt. Schließlich brannte man Kacheln mit Bildern aus der Heiligenlegende – in Blaumalerei.

AUSKLANG IM ROKOKO

Aus der Epoche des Rokoko, die in etwa mit der Regierungszeit Friedrichs des Großen zusammenfällt und in deren Brennpunkt die Inbesitznahme des Fürstbistums Ermland durch Preußen fällt, stammen mehrere Rathäuser und die berühmten Laubenhäuser um den Markt. Die Holzschnitzkunst erlebte einen Höhepunkt. Geschnitzt wurden die Rokokokanzeln für die Klosterkirche Wartenburg und die Pfarrkirche Sturmhübel im Kreis Rößel. Der Danziger Johann Gottfried Schlaubitz lieferte Silberwerk für den Frauenburger Dom, einen Kelch, eine Monstranz, ein Waschbecken mit Kanne, Silberleuchter und Bischofsstäbe. Wormditt und Rößel erhielten Rokokoreliquiare.
Dem Maler Lossau werden die Deckenmalereien in der Wallfahrtskirche Stegmannsdorf und in der Pfarrkirche Wusen zugeschrieben. Von ihm heißt es, er wußte "Durchblicke in den Himmel" zu schaffen.
Stefano Torelli malte die Aufnahme Mariae in den Himmel für den Hochaltar des Frauenburger Doms, während Rogalsky das Hauptbild für den Hochaltar der Schloßkapelle in Heilsberg schuf. Die Bildnismalerei nimmt in dieser Zeit einen breiten Raum ein. Zu erwähnen bleibt Johann Langhanki, der Sohn des Rochus Langhanki, geboren 1742.
Preußen, einst als protestantisches Herzogtum ins Leben gerufen, setzte sich nach der Besitzergreifung des Ermlands für den Bau evangelischer Kirchen ein. Die Entwürfe lieferte die preußische Oberbaudeputation in Berlin. An ihrer Spitze stand Karl Friedrich Schinkel. Nach solchen Entwürfen entstanden die evangelischen Kirchen in Heilsberg und

Kirche in Schönbrück

Wormditt. Von Schinkel selbst stammt der Entwurf für die Altstädtische Kirche in Königsberg.
Durch den Umbau von 1797 erhielt das Rathaus in Braunsberg seine endgültige Gestalt. In Wormditt entwickelte Carl Jeroschewitz einen persönlichen Stil.
Schmuckstücke sind die Kanzel von 1823, die Orgelempore und Orgel von 1841 in der katholischen Kirche in Rößel, geschaffen von Carl Ludwig Biereichel. Die Kirche in Peterswalde bei Guttstadt erhielt im klassizistischen Stil den von Schultz aus Heilsberg geschaffenen Tabernakel. Hinzu kommen Kanzeln und Beichtstühle in verschiedenen Kirchen.
Wichtigste Vertreter klassizistischer Malerei waren Andrasch in Heilsberg, Johannes Strunge aus Rößel, Joseph Klefeldt aus Rößel und Anton Blank in Allenstein.
Nach den Plänen von Kurt Matern, geboren 1884 in Rößel, entstand das Priesterseminar in Braunsberg. Von ihm kennen wir auch Gemälde ermländischer Landschaften und Trachtenbilder.
In diese Zeit fällt die Gründung der Kunstakademie in Königsberg, deren erster Leiter, Ludwig Rosenfelder, das Kreuzigungsgemälde für die Kirche in Rastenburg gemalt

St. Andreas in Frauenburg, Patron des Bistums

hat. Als Meisterschülerin von Professor Partikel machte sich eine Ermländerin einen Namen, die 1905 in Allenstein geborene Ingrid Wagner-Andersson. 29 ihrer Aquarelle ostpreußischer, vornehmlich ermländischer Landschaften, befinden sich in der Ostdeutschen Galerie in Regensburg, weitere Bilder findet man in Museen und im Privatbesitz.
Der Webstuhl gehörte ins ermländische Bauernhaus. Spinnräder surrten in der Gesindestube und verrieten, daß man hinsichtlich Wäsche und Kleidung weitgehend auf sich selbst gestellt war. Die Töpferei stand in Blüte, Spielzeug fertigte man selbst an, manch einen Haus- oder Küchengegenstand schuf eine geschickte Hand an langen Winterabenden. Man wollte gemütlich wohnen und entwickelte ein gutes Kunstempfinden. Handwerk und häusliche Handarbeit gingen Hand in Hand.
Das Haus erhielt oft einen Giebelschmuck. Kachelöfen sorgten für wohnliche Wärme. Die Küche glich einem Schmuckkästchen, mit Zinntellern, Keramik und blanken Töpfen ausgestattet.
Heiligtum des Hauses: das breite Himmelbett, in dem die Kinder geboren wurden und die alten Leute starben, über das sich zuweilen ein Stoffhimmel wölbte, neben dem geschnitzte Truhen und Schränke die sonntägliche Kleiderpracht bargen und auf den Fensterbrettern das ganze Jahr über Blumen blühten, die einen Anhauch des Freundlichen und Friedlichen gaben.

WICHTIGSTER TAG: DER SONNTAG

Der „siebente Tag", an dem der Ermländer ruhte, wurde in Ehren gehalten. Er begann mit dem festlichen Gottesdienst, zu dem die Alten ihre schmucken Trachten anlegten.
Männer trugen „Warkeldags", den „Jackert" aus grauem Flanell oder dunklem Tuch ohne Kragen und Taschen, manchmal darüber eine Weste. Der weiße Umlegekragen war

mit einer „Bövke“, einer Art Halsbinde, verziert. Am Sonntag trug man einen hellblauen Tuchrock, der bis zur Wade reichte, hinten geschlitzt, vorn zweireihig mit Hornknöpfen geschlossen. Die Hose, auch Bökkse genannt, schmückten seitlich Knöpfe. Um den Bauch trug man einen „Schmachtrime“, darüber im Winter den Schafspelz, zuweilen auch Pelzhosen.
Der Rock der Frauentracht hieß Keddel, war lang und in Falten gelegt. Darüber trug die Frau ein enges wollenes rotes Leibchen mit tiefem Ausschnitt. Mädchen trugen über dem Kopf ein dreieckiges Wolltuch, den Zömpel. Im Sommer schützte man sich mit einem weißen Leinentuch, dem „Schuaduk“. Dazu trug man Maukes, Pulswärmer, in farbigen Mustern gestrickt, oft mit Perlen besetzt.
Mädchen und Frauen erkannte man auf den ersten Blick an der Haube. Die Mädchenhaube unterschied sich von der Frauenhaube durch schmale Wangenbänder. Ihr Boden bestand aus farbiger Seide, mit Gold und Silberfiligran bestickt, der Rand mit Silbertresse eingefaßt, darüber weiße Spitzen. Hinten hingen breite, geblümte Seidenbänder herab. Die Haube hielten Haken und Ösen unter dem Kinn fest.
Zwischen Kinn und Brust lag eine Querschleife. An die Stelle der Haube, bis 1870 allgemein getragen, trat in neuerer Zeit die Schuamötz, die das Kopfhaar völlig bedeckte, von zwei breiten, krausen Wangenbändern unter dem Kinn festgehalten. Vom Haubenboden, im Plattstich mit Gold- oder Silberfäden bestickt, fielen nach hinten vier bis sechs farbige Bänder herab. Die Farben wechselten. Bei Begräbnissen oder hohen Festen galt schwarz-weiß-rot als beliebte Zusammenstellung.
Eine bedeutsame Rolle in der Musikgeschichte spielt das ermländische Kirchenlied. Hier gibt es einen ureigenen Liederschatz, in einem eigenen ermländischen Gesangbuch zusammengefaßt, das von den übrigen katholischen Gesangbüchern Deutschlands abweicht und in dem die gesungenen Vespern einen wichtigen Platz einnehmen.

Ermländerin

Im Singen der Litaneien entwickelten die Wallfahrer eine eigene „Liturgie“. Das Ermland war ein sangesfreudiges Land, in dem Männerchöre und Caecilienvereine eine große Rolle spielten. Letztlich aber gab das Volk den Gottesdiensten im gemeinsam gesungenen Lied eine eigene Note, die heute bei den Wallfahrten der Ermländer nach Werl fortlebt.
Das Ermland ist wohl das einzige Land, das ein Kirchenlied gewissermaßen als „Nationalhymne“ hat. Otto Miller schrieb 1937 den Text, der überall, wo Ermländer sich zusammenfinden, zum Ausklang des Gottesdienstes gesungen wird:

NÄHER, MEIN GOTT, ZU DIR

Text: Otto Miller

Näher, mein Gott, zu Dir, näher zu Dir!
Selige Ungeduld, wer stillt sie mir?
Wer sonst, o Gott, als Du,
Du Leben, Licht und Ruh':
Näher, mein Gott, zu Dir,
näher zu Dir!

Wie der gehetzte Hirsch lechzt nach dem Trunk,
schmachtet mein Geist nach Dir, Du Sättigung.
Die große Leere hier,
Du füllst sie aus in mir!
Näher, mein Gott, zu Dir,
näher zu Dir!

Wie zu dem Strand das Meer wogt mit Begier,
so flutet ruhelos mein Herz zu Dir.
Sehnsücht'ge Seele du,
wall' deinem Ufer zu:
bis hin, mein Gott, zu Dir,
bis hin zu Dir!

O dunkle Nacht um mich, wann weichst du hier?
O ew'ges Morgenrot, wann scheinst du mir?
Wenn strahlend einst Dein Licht
die Todesnacht durchbricht,
dann zieh mich, Gott, zu Dir –
ganz nah zu Dir!

Wie das Ermland keinen großen Komponisten hervorgebracht hat, kann es sich auch keines großen Dichters rühmen. Der einzige, der als „poeta laureatus" in die Literaturgeschichte eingegangen ist, war Fürstbischof Dantiscus, ein Danziger auf dem ermländischen Bischofsstuhl, der mit seinem Buch der „Hymnen" einen wesentlichen Beitrag zur Dichtung des Humanismus geliefert hat.

Im zwanzigsten Jahrhundert schrieb ein Sohn aus eigenem Lande, der 1879 in Mehlsack geborene Otto Miller, religiöse Lyrik und Kirchenlieder. Er hatte das Lyceum Hosianum in Braunsberg besucht, sich in Rom der mittelalterlichen Philosophie und Geschichte zugewandt und war als Kaplan nach Seeburg gekommen, wo ihn Bischof Augustinus Bludau entdeckte und zu seinem Sekretär ernannte.

Verdienste erwarb sich Otto Miller als Literatur- und Zeitkritiker am Vorabend der nationalsozialistischen Machtübernahme, als er gegen Individualismus und Kollektivismus, gegen die Abkapselung der zeitgenössischen Literatur auftrat. Sein Buch „Individualismus als Schicksal" konnte zwar erscheinen, brachte ihm aber den Groll der neuen Machthaber ein. Zu Unrecht wurde es in die Vergessenheit gedrängt, um erst nach dem Zweiten Weltkrieg wieder ins Blickfeld zu treten. Die letzten Lebensjahre verbrachte Miller in Wewelsberg bei Paderborn, wo er zurückgezogen 1958 starb.

UM KLÖSTER RANKEN SICH LEGENDEN

Um die drei bedeutendsten Wallfahrtsorte des Landes kreisen Legenden. Von der Kirche in Springborn weiß der Volksmund zu berichten, daß, wo sie heute steht, eine Magd ein Muttergottesbild im Heu gefunden habe, das überaus schön gewesen sei. Die Magd habe es auf ihre Stube mitgenommen und dort versteckt. Als sie es eines Tages anschauen wollte, war es verschwunden. Sie fand es kurz darauf im Heu, wo es zuvor gelegen hatte. Nun wußten die Menschen, daß es dort liegen bleiben wollte. Sie bauten an der Stelle eine Kirche.

Eine weitere Legende spielt am Wallfahrtsort Krossen. Als dieser noch keine Kirche hatte, brachen Diebe in eine der umliegenden Kirchen ein und raubten den Kelch mit den geweihten Hostien. Sie schütteten diese auf eine Wiese, auf der Kühe weideten. Als der Besitzer der Wiese am nächsten Tag zu den Kühen ging, sah er die Tiere in einem Kreis, das Gesicht der Mitte zugewandt, auf den Knien liegen. Der Bauer erkannte die Hostien und mußte sogleich an den Kirchenraub denken. Er holte einen Priester, der sie barg und in die Kirche zurücktrug. Zur Sühne für die Untat der Kirchenräuber wurde an der Fundstelle eine Kirche errichtet, zu der bald Wallfahrten zogen.

Die Legende von der heiligen Linde berichtet, daß zwei spielenden Kindern die Muttergottes erschienen sei. Dies geschah zu wiederholten Malen, und keiner wollte den Kindern Glauben schenken, wenn sie davon erzählten. Sie beschrieben das Aussehen der Erscheinung einem Maler, der nach ihren Angaben ein Muttergottesbild malte. Dieses Bild, in einer Kirche aufgestellt, befand sich am nächsten Tag nicht mehr dort, sondern in der Linde, in der die Kinder die Erscheinung gesehen hatten. In die Kirche zurückgebracht, hing es am nächsten Tag wieder in der Linde. Zunächst dachte man an einen üblen Streich und stellte Wachen auf. Aber trotz aller Vorkehrungen kehrte das Bild immer wieder in die Linde zurück. Eines der Kinder, das an einer unheilbaren Krankheit litt, erhielt von der Gottesmutter den Hinweis, es würde sogleich geheilt, wenn man an der Stelle, an der die Linde steht, eine Kirche baue. Das Kind genas, als die Kirche fertig war.

Heidnisch-prussische Elemente mischten sich in den Sagen mit christlich-religiösen. Unholde Geister spukten in Braunsberg, so der „Strohsack", der die Mädchen beunruhigte, die zum Brunnen in der Langgasse Wasser schöpfen

Johannes Dantiscus von Höfen

gingen. Ein Priester wollte den Strohsack mit Bannsprüchen zwingen, ihm zum „Kälberhaus“ zu folgen. Er brachte ihn zu einem Wäldchen in der Nähe des Haffes und gebot dem Kutscher, ihn nach einiger Zeit dort abzuholen. Als die Dämmerung eintrat, erscholl aus dem Wald ein gräßliches Heulen. Der Kutscher bekreuzigte sich und trieb die Pferde zur Rückfahrt an. Da wankte der Priester heran. Schweißüberströmt sank er in den Wagen. In rasendem Tempo fuhren sie zurück, noch lange von dem Heulen verfolgt.

Nach Jahren kam die Kunde, der Strohsack sei gestorben. Die Leiche sollte beerdigt werden. Als aber der Sarg an dem Haus, in dem er gewohnt hatte, vorbeigetragen wurde, ertönte ein höhnisches Gelächter. Die Menschen erschraken, als sie den Unheimlichen am Fenster erblickten, wie er seinem eigenen Sarg nachschaute. Aber tot muß er gewesen sein, denn Braunsberg hat nichts mehr von seinem tückischen Wirken gespürt.

Eine Bischofsburger Sage berichtet von dem Dieb Klosda, der die Umgebung der Stadt unsicher machte. Am Fenster der Pfarrwirtin in Groß Bößau klopfte des Abends ein Mann an. Er behauptete, vom Erzpriester von Bischofsburg geschickt

Leuchter, Wallfahrtskirche Stegmannsdorf

worden zu sein. Der Pfarrer solle rasch 5000 Mark in die Erzpriesterei bringen, der Bischof von Frauenburg habe diesen Betrag angefordert.

Der Pfarrer stieg zu dem Mann in den Wagen, um mit ihm nach Bischofsburg zu fahren. Im Neudismer Wald wollte der Fremde plötzlich aussteigen, da er austreten müsse. Der Pfarrer hörte ein Rascheln und drehte sich um. Vor ihm stand der Räuber Klosda. Der Kutscher schlug auf die Pferde ein, sie rasten davon. Hinter ihnen fiel ein Schuß. Doch unversehrt erreichten sie Bischofsburg und erfuhren dort, daß von einem Auftrag des Erzpriesters gar keine Rede sei. Es gelang, den Räuber dingfest zu machen. Bei der Gerichtsverhandlung stellte sich heraus, daß er über ein vorstehendes Eisen am Wagen gestolpert und nicht zum Schießen gekommen war. So hatte ein Stück Eisen zwei Menschen vor einem gewaltsamen Tode gerettet. Da der Mordversuch mißglückt war, wurde Klosda nicht zum Tode verurteilt, sondern mit Zuchthaus bestraft. Er fand sein Ende, als er bei einem Fluchtversuch aus einem hochgelegenen Fenster stürzte.

Die Geschichte der Stadt Allenstein hält in einem besonderen Kapitel neun Sagen und historische Merkwürdigkeiten fest. In einer kurzen Einleitung heißt es: „Sagen und Märchen sind Spiegel der Volksseele, sie sind für das Verständnis unserer Heimat und der Seele unseres Volkes von großer Wichtigkeit. Sie versetzen uns zurück in die fernsten Zeiten, wo das Christentum mit dem Heidentum in schwerstem Kampfe lag und wo Zwerge, Kobolde Glück oder Unheil brachten.“

Schon Lucas David hat in seiner Chronik die Sage von den Männlein zu Allenstein erwähnt und kundgetan, wie gütig und wie böse diese kleinen Männlein sein konnten:

Einst kamen die Männlein zu einer steinreichen Bürgerfrau. Die Leute erzählten, daß sie das Glück und den Reichtum nur ihnen zu verdanken habe. Doch die Frau wollte das nicht zugeben, schrieb vielmehr beides ihrer Person und ihrer adeligen Herkunft zu. Doch da sie, wie alle Frauen, neugierig war, wollte sie die kleinen Männlein unbedingt einmal sehen.

Allenstein

Um Mitternacht lauerte sie auf dem Boden oder im Flur, im Keller oder in der Küche, aber sie sah kein Männlein. Eines Nachts, als sie noch im Zimmer saß, ging plötzlich die Tür auf, und kleine Männlein huschten herein. Sie brachten schmucke Weiblein mit. Als sie sich unbeobachtet fühlten, begannen sie, miteinander zu tanzen. Die bunten Laternen der Männlein blendeten die Frau, so daß sie unwillkürlich nach ihren Augen griff.
Das sah ein Männlein und rief ihr zu: „Mach die Fenster dicht!" Sie tat es nicht. Abermals forderte das Männlein sie auf, die Fenster dicht zu machen. Aber die Frau ließ sich nicht stören. Da sagte das Männlein zu einem anderen. „Mach du die Fenster dicht!" Als das Männlein die Frau aufforderte, ihre Augen zu bedecken und das Zimmer zu verlassen, rief diese zornig: „Schert Euch zum Teufel!" Da blies das Männlein der Frau in die Augen und rief: „Erblinde!" Von Stund an war die Bürgerin blind. Die kleinen Männlein verschwanden und mit ihnen das Glück.
Weitere Sagen kreisen um das „verwunschene Schloß im Allensteiner Stadtwald", die „Teufelsbrücke", den „ungetreuen Torwächter von Allenstein", das „goldene Pferd im Burghof", die „Waldbrücken" und die „Bettlerzunft von 1766" – letztere als „Tatsache" ausgewiesen durch ein Protokoll des Bürgermeisteramtes: Zehn Frauen und einem stummen Menschen, „fortan toleriereten Bettlern der Stadt", soll als äußerliches Kennzeichen der Zugehörigkeit zu dieser

„edelen Zunft" ein Abzeichen überreicht werden. Und wörtlich im Protokoll: „Diese alle Bettler zum Unterschied von anderen sollen ein Stadt-Zeichen, das ihnen jedem in specie in Kurtzem dargereichet werden soll, öffentlich tragen an ihren Röcken angemachet."

Das Ermland besaß ein reiches Volksliedgut. Wie es sich für ein Fürstbistum geziemte, hatten die meisten dieser Lieder – im Gegensatz zu den naturverbundenen ostpreußischen Volksweisen – religiöse Inhalte. Weit über die Grenzen hinaus bekannt waren die Lieder „Menschen, die ihr war't verloren", „Maria ging wohl über das Land", „Im Himmel, im Himmel sind die Freuden" und viele andere.

Eine Volksweise, die nach der Melodie von Kothe gesungen wurde, war das Preislied „Mein Ermland", das die Ermländer mit Vorliebe dann sangen, wenn sie in der Fremde geschlossen auftraten, eine Verbindung von Naturfreude, Bekenntnis zur Heimat und Treueversprechen.

ERMLANDLIED

Mäßig bewegt

Volksweise nach Kothe

2. Mein Ermland will ich lieben,
ihm sei mein Herz geweiht.
Hier ist es noch geblieben
wie zu der Väter Zeit,
hier gilt noch Sitt' und Treu,
nicht Trug und Heuchelei.
Mein Ermland will ich lieben,
ihm sei mein Herz geweiht!

3. Mein Ermland will ich preisen,
wo ich auch immer bin,
mein Leben soll beweisen,
daß ich Ermländer bin.
Will bleiben fromm und gut,
bewahren treuen Mut.
Mein Ermland will ich preisen,
wo ich auch immer bin.

Da das Land wiederholt schwer von der Pest heimgesucht wurde, entstanden eine Reihe sogenannter Pestlieder, die zum Volksliedgut zählten. Durch sie wollte man einerseits der Pest Einhalt gebieten, andererseits sind es Klagelieder verzweifelter Menschen. Ein Vers aus einem solchen Lied:

Die wilde Pest heert weit und breit,
mit Leichen ist die Welt bestreut.
Schon manchen Toten deckt kein Grab,
der's graben wollt', sank selbst hinab.
Bekleidet auf dem Felde liegt
der Leichnam, bis der Hund ihn kriegt.
Verzweifelt wirft, den Raben gleich,
das liebe Kind man in den Teich.

HUMOR WÜRZT DAS LEBEN

Ermländische „Wippchen" und „Spichtchen" haben eines gemeinsam: Sie sind kurz und haben meist Episoden aus dem Alltagsleben zum Inhalt, verraten zuweilen Weisheit, aber auch Schadenfreude, überstrahlt von einem gütigen, milden Humor. Letzteres unterscheidet sie grundlegend von den ostpreußischen „Vatelkes", auch „Vertellchens" genannt. Während diese meist an frühen Winterabenden und besonders von Großmüttern erzählt wurden, traf man Wippchen und Spichtchen überall an, im Familienkreis, an der Wirtshaustheke, bei Festen, bisweilen auch beim Zärm, zur Aufhellung der Trauerstimmung.

Wippchen und Spichtchen lassen sich kaum voneinander unterscheiden; nur heißt es von den Spichtchen, sie seien nicht erfunden, „wenn man's auch keinem glauben kann".

Kein Wunder, daß in einem Bauernland der Bauer meist im Mittelpunkt der Wippchen stand. Da fragt ein Knecht einen anderen: „Hier steht: Mißbrauch geistiger Getränke. Was ist das denn?" Und der andere antwortet: „Dussel! Mißbrauch

Pfarrkirche zu Jonkendorf

ist, wenn du Spiritus nich trinkst, sondern ihn in die Lampe jießt."

Oder aber: Ein Bauer geht zum Arzt und klagt über Rheumatismus. „Da müssen Sie Petroleum für nehmen", rät ihm der Arzt. Als er drei Tage später gefragt wird, ob's ihm schon besser gehe, schüttelt er den Kopf. „Ich hab's versucht. Den ganzen Nachmittag hab' ich aufstoßen müssen."

Fragt ein anderer Bauer seinen Nachbarn: „Deine Kuh war doch krank. Was hast ihr gegeben?" „Terpentin", sagt der. Und der Bauer geht heim. Am nächsten Tag treffen sich beide wieder. „Ich hab ihr Terpentin gegeben, und jetzt ist das Biest krepiert", klagt der Bauer. „Tröste dir man", erhält er zur Antwort, „meine auch."

Zwei ermländische Bauern fahren zum ersten Mal in die Berge. „Kick dir die schönen Berge an. So was Feines haben

wir im Ermland nich", sagt der eine. Doch der andere widerspricht ihm. „Ich kick und kick schon die ganze Zeit. Schön, sagst du. Mann – wie willst du die beackere?"
Ein nicht mehr ganz junges Frauchen steht vor dem Spiegel und betrachtet die Landschaft seines Gesichts. Das Ergebnis der Betrachtung faßt sie wie folgt zusammen: „Der ganze Leib ist voll Haut, und die biestrigen Falten krauchen alle ins Gesicht."
Sagt ein Bub zu seiner Mutter: „Jetzt weiß ich auch, was ich dir zum Geburtstag schenken werde: einen Toilettenspiegel." Meint die Mutter: „Aber Jungchen, den hab ich doch." „Irrtum Mutti", erhält sie zur Antwort. „Den hattest du ..."
Fragt der Arzt eine Bürgerfrau nach der Untersuchung. „Wo haben die Schmerzen nun eigentlich angefangen?" „Das kann ich Ihnen ganz genau sagen, Doktorchen. Das fing an in Allenstein auf der Wadanger Straß' kurz vor der Josefikirche. Da wollt' ich grad in der Karwoch' zur Beichte gehen."
Ein neuer Pfarrer kommt ins Dorf. Zum Geburtstag des Bauern werden Verwandte aus der Umgebung eingeladen.

Pfarrkirche in Santoppen

Fragt einer den Bauern: „Na, wie ist denn der neue Pfarrer?" Und er erhält die Antwort: „Nett ist er ja, wenn mit ihm red'st. Beten tut er auch, und die Predigt ist schön kurz. Aber die Kinder kann er nich erziehen. Seit unser Bernhard bei ihm Religionsunterricht hat, will der Bengel im Winter nich mehr Holz stehlen gehen."

VOM HAUSKALENDER ZUR PRESSE

1857 erschien erstmals, herausgegeben von „mehreren Katholiken", ein ermländischer Hauskalender, der sieben Jahre lang in Braunsberg von seinen Stiftern J. Bender, L. Hoppe und A. Thiel, dann von dem aus Frauenburg stammenden Domvikar Julius Pohl betreut wurde. Es war ein „Hausbuch", dessen Niveau für den allgemeinen Hausgebrauch, zumal auf dem Lande, recht hoch lag. Berichtet wurde darin über Glaube und Wissenschaft, über ermländische Persönlichkeiten. Man hielt die Leser zu einem Lebenswandel aus dem Glauben heraus an. Hinzu kamen später ein unterhaltsamer Teil und eine Rubrik „Wie schabberten wir daheim".
Die Reihe dieser „Hausbücher" ist eine Fundgrube für jeden, der sich für die Geschichte und die Leistungen des Ermlands, das Brauchtum und die Überlieferung interessiert.
So waren schon die ersten Nummern mit Lebensbildern des Nicolaus Coppernicus (1858), der Dorothea von Montau (1857), mit der Geschichte der größten Wallfahrtsorte: Heiligelinde (1857), Krossen (1867) und Glottau (1868) von großem Wert. Hinzu kam 1871 die Geschichte des Frauenburger Doms. Da Monographien weitgehend fehlten, ersetzte das Hausbuch diese. Herausgegeben wird es noch heute unter dem Titel „Unser Ermlandbuch" von der Bischof-Maximilian-Kaller-Stiftung.
Die Anfänge der Publizistik gehen auf den Fürstbischof Krasicki zurück, der von Heilsberg aus einige Jahre die in

Warschau erscheinende Wochenschrift „Cotydzień" redigierte, die, in polnischer Sprache geschrieben, im Ermland nur wenig verbreitet war.
Ein erstes „Braunsberg'sches Wochenblatt" wurde seit dem 1. Juni 1809 zwei Jahre lang von K. Burgund herausgegeben. Auch zwei Jahre lang erschien ein zweites Wochenblatt, 1840 von Otto Model begründet.
Das erste Kreisblatt brachte 1838 C. H. Harich in Heilsberg heraus, dem am 1. April 1841 das von C. A. Heyne redigierte Braunsberger Kreisblatt, zuerst wöchentlich, später zwei-, dann dreimal in der Woche, und 1842 das ebenfalls von Harich herausgegebene Allensteiner Kreisblatt folgten. Ein Rößeler Kreisblatt, von F. Kruttke herausgegeben, erschien vom 1. Oktober 1849 an.
Kruttke begründete am 1. April 1871 einen „Ermländischen Anzeiger", der seiner Haltung und Tendenz zufolge keine größere Verbreitung fand, wohl aber darauf hinwies, daß es dem Ermland noch immer an einem Tages- oder Sonntagsblatt fehlte, das neben den politischen, sozialen und wirtschaftlichen auch die religiösen Interessen der Ermländer vertrete.
Seit dem 1. Oktober 1842 gab es im Ermland ein Katholisches Kirchenblatt, das zunächst für die Diözesen Kulm und Ermland gemeinsam erschien, später Danzig einbezog. Obwohl führende ermländische Theologen daran mitarbeiteten, konnte es sich kaum durchsetzen.
Drei „ermländische Zeitungen" sind nach der Reichsgründung verzeichnet: „Ermländische Zeitung" in Braunsberg, gegründet 1871; „Warmia" 1880 und „Der ermländische Bauer" 1882; die beiden letzten in Heilsberg.
In Rößel erschien von 1902 an neben der Kreiszeitung die Rößeler Zeitung. Beide wurden 1923 zum Rößeler Tageblatt vereinigt.
In Allenstein wurde neben dem liberalen Kreisblatt – später Allensteiner Zeitung – 1891 das Allensteiner Volksblatt gegründet, das die Interessen der katholischen Bevölkerung

Kanzel in Peterswalde

vertrat. Eigene Zeitungen brachten 1880 Wormditt, 1890 Bischofsburg, 1888 Wartenburg, später auch Guttstadt und Bischofstein heraus.
Als erste Zeitung in polnischer Sprache erschien 1888 in Allenstein die Wochenzeitung Gazeta Olsztyńska. Die bis 1891 erschienene „Nowiny Warmińskie" und die ab 1893 erscheinende „Warmiak" lebten nur kurze Zeit, während die „Gazeta Olsztyńska" ihr Erscheinen erst im Herbst 1939 einstellen mußte.

MAN SPRACH MUNDART

Zwei Dialekte brachten die Siedler ins Bistum: das Käslauische und das Breslauische. Das nordermländische Platt, auch Braunsberger „Nederlandsch" genannt, hatte den Namen „Käslauisch" von dem Wort Kase oder Käse, was so viel bedeutete wie tiefer Wasserweg. Der aus Lübeck stammende

Altaraufsatz in Blankensee

Bischof Heinrich Fleming hatte den Kreis Braunsberg kolonisiert. Die niederdeutsche Mundart sprach man vorwiegend im Haffgebiet, östlich Braunsberg wie um Mehlsack und Rößel. In vielem stimmte sie mit der Mundart um Elbing und auf der Elbinger Höhe überein.

Bischof Anselm, der erste Fürstbischof des Ermlands, hatte zahlreiche schlesische und mährische Kleriker im ermländischen Kapitel, vor allem aber hatte der dritte Fürstbischof, Eberhard von Neisse, selbst Schlesier, schlesische Kolonisten ins Ermland geholt. Er und seine Familie hatten an der Besiedlung des mittleren Teils des Bistums, in dem Heilsberg, Seeburg, Guttstadt und Wormditt liegen, den stärksten Anteil. Sein Bruder, Arnold von Neisse, gründete 1308 Arnsdorf. Dessen Schwiegersohn, Johannes von Köln bei Brieg, erhielt im selben Jahr das Schulzenprivileg über Heilsberg. Weitere Verwandte des Fürstbischofs finden wir im 14. Jahrhundert in Heilsberg, Braunsberg, auf dem Gut Klein Klenau. Auch der erste Schultheiß von Wormditt war wahrscheinlich ein Verwandter Bischof Eberhards. Im ganzen hat dieser Fürstbischof 24 Güter und 12 Dörfer gegründet. Bei ihrer Besiedlung spielten Schlesier eine große Rolle. So wurde in Heilsberg, Seeburg, Guttstadt und Wormditt das Breslauische, ein mitteldeutscher Dialekt, gesprochen. Es hat seinen Namen wahrscheinlich vom Landschaftsnamen Prezla, der um die Mitte des 13. Jahrhunderts urkundlich erwähnt wird. Breslauisch heißt Oberländisch, wobei nicht auszuschließen ist, daß der Name auch auf die Stadt Breslau verweist. Rübezahl wird zum Beispiel im Ermland – wie auch in Schlesien – Riwezogl genannt.

Unter den literarischen Zeugnissen im Breslauischen Dialekt befindet sich ein kleines Bühnenstück, betitelt: „Eine ermländische Freischaft". Aus ihm eine kurze Probe:

„Gutt Jung, ös gutt, daß du daran dönkst, molsch Häh, de weeßt je, von dam ahle, was ons offem Moßbruch vafault woa, das könne se frasse, das gudde Häh muß wa se ons Fard behahle. Och de Schof on Kälwa wölle e Maul voll Häh. Nu geh man on besorg Häcksel, man nömm nich vom gudde Stroh, vom ahle Dachstroh kannst nahme. (Andres geht ab.) Na Mutta, nu sai wa ninga ons, nu könn wa ons vazähle. Fönf Huwe hott da Greif on de Gebaid saine noch sea gutt. 's Hoffgebaid hott a man ver eenge Joha gebaut, e hibscha Owtgoate ös verre Tea. Na bessa kunn wa de Grittche nömma uingabrönga. Da Mann hott bes 27 Schof, Gäns eware Schock. Bonne Fard ös em man diß Joha e Föllekobbel ze Schainge gekomme, da Wulf hatt a 's Brostlatz offgekneefelt. On was hott a nich ferre gudde Oat Schwain, e Hingst, of dam wat da Möchel ze raite komme."

VON DER WIEGE HIN ZUR BAHRE

Bei allen Völkern begleiten alteingewurzelte Bräuche Geburt

und Tod eines Menschen. Im Ermland scheinen sie darüber hinaus eine Einheit zu bilden, ist doch der Tod eine zweite Geburt: das Tor zum neuen, zum ewigen Leben. So räucherte man die Wohnung, nachdem das Kind zur Taufe herausgetragen, mit dem gleichen am Tage Mariä Himmelfahrt geweihten Weihkraut aus, mit dem man es auch tat, wenn ein Toter sie verlassen hatte. Galt es die bösen Geister zu verjagen, „Kindsbett" wie Sterbebett zu reinigen? Zeuge ist das rätselhafte Wort, das man zu einem Toten sprach: „Nun komm zu deinem Begräbnis!"

In der Kinderstube brannte das Licht, bis das Kind getauft wurde; im Totenzimmer brannte es, bis der Tote der Erde anvertraut war. Die Paten, die den Täufling zur Kirche geleiteten, in erster Linie die Großeltern, dann die Onkel und Tanten, schenkten ihm das „Angeding": Salz, Brot und einen blanken Pfennig – damit diese ihm nie ausgehen sollten. Zuweilen taten sie eine Feder hinzu, damit das Kind später gut lerne und etwas Gescheites aus ihm werde.

Die Kindtaufe nannte man „Kingelbea" (Kindelbier). Der Taufvater durfte an der Feier nicht teilnehmen; die Paten hatten den Ehrenplatz, es war eine Ehre, Pate sein zu dürfen. Die Paten schritten auch als Erste hinter dem Sarg – wenn sie noch lebten. Die Särge waren in früher Zeit blau gestrichen, in der Farbe des Himmels, der den Toten erwartete.

Durch lautes Poltern verjagte man am Polterabend die schädlichen Geister. Montag und Dienstag waren bevorzugte Hochzeitstage; man hatte dann den Rest der Woche zum Feiern vor sich. „Kesting" nannte man die Hochzeit, bei der es in jagender Fahrt zur Kirche ging, damit die Geister das Brautpaar nicht einholen konnten. Obwohl die Eltern der Braut die Hochzeit „ausrichteten", nahmen sie am Mahl nicht teil. Das Zeremoniell begann um Mitternacht mit einem Maskenzug, bei dem drei bis sechs als Soldaten verkleidete Männer und eine Frau Tänze aufführten.

Am Hochzeitstag tanzte der Vater der Braut mit seiner Tochter den Bügeltanz, einen dreiteiligen kurzen Ehrentanz; darauf kam der Bräutigam an die Reihe, mit seiner Frau dreimal um den Herd und dreimal im Kreise zu tanzen. Bis zu acht Tagen feierte man. An ländlichen Hochzeiten nahm das ganze Dorf teil.

Da die Arbeit dadurch ernsthaft gefährdet schien, sollte 1760 eine Landesverordnung den übermäßigen Aufwand bei Hochzeiten einschränken. An Hochzeiten in Familien von Ratspersonen durften höchstens 24 Gäste, in den Familien der Kölmer, Besitzer, Landschöppen und Schulzen nicht mehr als 16 Gäste, in den Familien der Gärtner, Instleute und Tagelöhner höchstens 8 Gäste teilnehmen. Das Schießen bei Hochzeiten war strengstens verboten.

Am Morgen des letzten Hochzeitsfeiertags gab es als Imbiß den „Brauthahn", einen aus Mehl gebackenen Hahn.

Was man schützen wollte, besprengte man mit am Ostermorgen in aller Frühe geweihtem Wasser. Sogleich begann im Haus die Mutter mit dem „Umsprengen".

Besprengt wurden auch das Vieh, zumal die Pferde; die Äcker, an deren vier Ecken man geweihte Palmzweige in die Erde steckte. Keller und Gemüse besprengte man mit Igna-

Kirche in Schalmey

tiuswasser, das vor Ungeziefer schützen sollte. Kam es zum Brand, schüttete man Agatha-Wasser in die Flammen, damit das Feuer nicht weiter um sich greife. Die Pferdeweihe, auch Pferdesegen genannt, war ein wichtiger Brauch. Geschmückt zogen die schweren Ackerpferde, die stämmigen Kutschpferde – die sogenannten „Ermländer“ – aufs Feld hinaus, wo der Pfarrer sie erwartete und unter Gebeten segnete.

Zu Mariä Lichtmeß wurden Gewitterkerzen geweiht, die man beim ersten Donnern anzündete, um in ihrem Schein betend den Blitzschlag abzuwehren.

Saat und Ernte standen im Mittelpunkt des Brauchtums. Ins Sätuch knüpfte man Weihkraut, um eine gute Ernte zu erzielen. Nach der Einsaat am Gertrudistag, dem 17. März, dem „Tag der heiligen Gärtnerin“, an dem die Störche ins Land zurückkehrten, stellte man Kreuze an den vier Ecken des Feldes auf. Am St. Petrus-Tag, dem Tag des „Patrons der Landleute“, am 29. April, wurde die Feldfrucht gesegnet. Dem ersten Kornschnitt ging ein Vorspruch voraus:

Gertrudistag: Die Störche kehren heim

Dat help ons de leewe Gott,
On de heil'ge drei Fraue,
Dat dat Kore Haue
Mag taue.

Die „drei Fraue“ waren die drei Nothelferinnen: Barbara, Katharina, Margareta, die hohe Verehrung genossen.

Wer nach dem Einbringen des letzten Erntewagens die Gesindestube betrat, den empfing man mit einem „Schuß Wasser“, der „Wassertaufe“.

Von der ersten wie der letzten Garbe, die man band, knüpfte man drei Ähren in einen Knoten und bewahrte sie auf. Ihre Körnchen mengte man unter die neue Saat.

Erntefeste gab es auf allen Höfen. Man wand und schmückte die Erntekrone. Anfang Oktober folgten die Kalendeschmäuse. Das Festgericht bestand aus geräuchertem Schweinskopf.

HEILIGE, DENEN MAN VERTRAUTE

Als Schutzpatron des Bistums wurde der heilige Andreas verehrt, dessen Kirche zu Braunsberg Bischof Anselm 1260 zur Kathedrale erhoben hatte. Eine Andreasstatue stand im Frauenburger Dom. Mädchen, die einen Bräutigam suchten, beteten vor ihr und küßten sie. Später verehrte man als Patron auch den heiligen Adalbert von Prag.

Den „Heiligen der Heiligen“ trug man in der strahlenden Monstranz – Jesus in Brotsgestalt – am Fronleichnamstag durch die von frisch geschlagenen Birken gesäumten, über und über mit Blüten bestreuten Straßen der Ortschaften. In feierlicher Prozession ging es von Altar zu Altar, eigens am Straßenrand errichtet, mit Musik und Gesang, mit frommen Gebeten.

Alle Marienfeiertage – begonnen bei Mariä Geburt bis zum Tag der Unbefleckten Empfängnis – wurden als Hochfeste

gefeiert: das Ermland war Land der Lieben Frau. Täglich läutete die Glocke dreimal vom Kirchturm den „Angelus". Wo man stand, legte man die Arbeit nieder und betete – meist knieend – den „Engel des Herrn".
Der heilige Joseph – sein Fest wurde am 19. März gefeiert – hatte als Schutzpatron der Handwerker in den meisten Stadtkirchen einen Altar.
Ein Standbild des heiligen Antonius traf man an den Kirchentüren; hatte man etwas verloren, betete man zu ihm. Er half beim Wiederfinden, sei es einer Kuh, die in den Graben gefallen, oder einer Münze, die vom Tisch gerollt war.
Die Pferde empfahl man dem Schutz der heiligen Agatha, an ihrem Festtag erhielten sie geweihtes Agatha-Brot. Die heilige Barbara riefen alle an, die Zahnweh hatten; der heilige Jakobus bewährte sich als Vermittler für heiratslustige Mädchen, er bescherte ihnen einen guten Ehemann. Bei Krankheiten rief man den heiligen Johannes an, gab den Kranken den Johannestrunk. Stephanshafer förderte das Wohlergehen der Pferde, St. Georg beschützte das Land vor der Pest. In Heilsberg verehrte man die heilige Ida.
Bei allen Prozessionen zu Wallfahrtsorten oder Wegkreuzen und Kapellen sang man die Litanei von Allen Heiligen mit dem monotonen Refrain: „Bitte für uns ..."
Wie mit Gott Vater stand man auch mit seinen Heiligen auf Du und Du.

ZE DEN WIEHEN NACHTEN

In der Zeit der „Einkehr", den „Rauchnächten", hielt man Hausputz; eine Axt lag auf der Schwelle, Mensch und Tier bereiteten sich auf die Weihnacht vor.
Nahte das Fest, holte man die Tiere in die Stube, damit sie mit den Menschen das Kind in der Krippe anbeteten – wie einst im Stall von Bethlehem. Am kugelgeschmückten, mit Gebäck behangenen Weihnachtsbaum entzündete der Vater die Kerzen. Durch die eisige Frostluft zogen jung und alt zur Christmesse, nachdem sie das Weihnachtsgericht, die Wiehnachtsarfte – weiße Erbsen mit Speck oder Wurst – verspeist hatten. Einige dachten dabei an die „Erbs'ünde", andere erflehten eine gute Erbsenernte, wieder andere sahen eine Hilfe darin, zu Wohlstand zu gelangen.
Auch das Vieh bekam zu Weihnachten Erbsen und Erbsenstroh – weil Jesus auf diesem Stroh gelegen hatte. Hühner, Gänse und Enten fütterte man mit Erbsen; sie sollten fett werden; Erbsen schützten das Schwein vor den Pocken. Den Nacken des Zugochsen rieb man mit Erbsenspeck ein, damit er beim Pflügen „kein steifes Genick bekomme". An all die alten Bräuche erinnert der Spruch, der Schwerkranke betrifft, die nicht mehr lange zu leben haben: „De wat de Wiehnachtsarfte nich mehr eete."
Vor Mitternacht entzündete der Küster in der dunklen Kirche eine Kerze. Das Volk sang die alten Adventslieder. Punkt zwölf flammten im Kirchenschiff an Kronleuchtern und Seitenleuchten Lichter auf. Die Kerzen am Tannenbaum leuchteten, und die Gemeinde stimmte das „Christ ist gebo-

Reliquiar der hl. Ida, Heilsberg

ren, freuet euch!" an. Alte, vom Volk gesungene Weihnachtslieder begleiteten die erste der drei Weihnachtsmessen, die, hintereinander gehalten, erst bei der zweiten und dritten, dem Kirchenchor und den Musikanten ein Mitwirken gestatteten.

Die zwölf Nächte zwischen Weihnachten und Dreikönige boten dem Aberglauben Raum. Aus dem Wetter in dieser Zeit schloß man aufs Wetter der kommenden zwölf Monate. Schüsse, Peitschenknall, viel Lärm sollten das alte Jahr austreiben. Der Brummtopf kam zu seinem Recht.

Im südlichen Ermland spielten in dieser Zeit die „Ungaheadschken" eine Rolle: Kobolde, Heinzelmännchen. Damit sie „kein Unwesen trieben", stellte man Speise und Trank zum Herd, unter dem sie hausten.

Ein besonderer Tag war der 27. Dezember, an dem man den Johannistrunk weihte: Bier, Wein oder nur Wasser. Man mischte ihn mit Mehl zum Neujahrsgebäck.

Neujahr bekam jeder Gebäck, jeder in seiner eigenen Form, die Menschen kleine Menschlein oder Sterne, die Tiere kleine Tierlein, der Ochse einen Ochsen, das Pferd ein Pferd. Knechte und Hausfrau buken die geformten Küchlein. Selbst für die Bäume gab es kleine Bäumlein, damit sie gutes Obst trügen: „Boomke, eck jäw di Niejoahr, sie mi opt nechste Joahr fruchtboar."

Während zur Weihnacht die Kinder mit dem „Schoppchen" von Haus zu Haus zogen und Weihnachtslieder sangen, zogen in den „Zwölften" die Sternsinger aus. Sie trugen einen Papierstern, darin eine Kerze, begleitet von den Heiligen Drei Königen. Diese trugen Pappkronen und weiße Laken; der Mohr hatte ein schwarzes Gesicht. Sie sangen Dreikönigslieder und trugen das Schwert des Herodes mit sich, mit dem er die Kinder hatte ermorden lassen.

Mit diesem Brauch verband sich in anderen Gegenden der Auszug des Schimmelreiters mit seinen Gesellen, ein heidnischer Brauch: Die „wilde Jagd" ging übers Land mit Peitschenknall und Hundegebell.

In den „Zwölften" tat man wenig, wusch keine Wäsche, spann und webte nicht.

In einigen Gegenden machte man dem alten Jahr mit dem Schlorrenwerfen den Garaus. In der Silvesternacht goß man Blei und sagte aus den gegossenen Gebilden die Zukunft voraus.

Im mittleren Ermland begleiteten Ziegenbock, Storch, Erbsenbär, Schornsteinfeger und Pracherweib den Schimmelreiter. Sie waren verkleidet und trugen Masken: ein Vorgeschmack auf den Mummenschanz, der der Fastenzeit vorausging.

Zu Beginn des neuen Jahres besuchte der Pfarrer die Familien und erteilte ihnen den Haussegen. Dabei schrieb er C + M + B – die Initialen der Heiligen Drei Könige – mit Kreide über die Türen der Wohnung und der Ställe. In Naturalien zog er die Kalende ein, die später – vorerst in freiwilliger, in preußischer Zeit in amtlich festgesetzter Höhe – von der Kirchensteuer abgelöst wurde.

Den Karneval gab es nicht, dafür aber den Mummenschanz. Vermummte Personen führten Tänze auf. Ursprünglich hatten sie – daher der Name – die Menschen zur „schanz", zum Würfelspiel, eingeladen.

Beim Bügeltanz auf dem Lande wurde ein mit Grün und Blumen geschmückter Tonnenreifen über ein Mädchen oder ein tanzendes Paar geworfen, oft mit Glöckchen und Flachsbündeln verziert. Dazu spielte der Brummtopf, ein aus Besenstiel und Blechbüchse selbst gefertigtes Instrument.

Neujahrs- und Fastenbräuche unterschieden sich von Gegend zu Gegend. Es mag daran gelegen haben, daß die Siedler, die sie ins Land gebracht hatten, verschiedener Herkunft waren.

DIE FASTENZEIT

Mit dem Aschermittwoch begann die Fastenzeit. Der Priester

trug am Altar ein aschgraues Gewand. Er verbrannte die Palmkätzchen vom letzten Palmsonntag und zeichnete mit der Asche den Gläubigen das „Memento mori“ auf die Stirn. Dann ließ man vom Kirchengewölbe das Fastentuch, auch Hungertuch genannt, herab, das für die Dauer der Fastenzeit den Altar von den Gläubigen trennte: ein langes, breites, violettes Tuch, bestickt mit Szenen aus der Passion und Symbolen des Martyriums Christi – Hammer, Nägel, Lanze, Dornenkrone. Nur wenn während der Messe die Heilige Wandlung auf dem Altartisch vollzogen wurde, hob der Küster es ein wenig hoch, um den Gläubigen einen Blick auf die gewandelten Gaben unter dem violett verhangenen Altaraufsatz zu gönnen.

In einem Ritenbuch aus dem Jahr 1733 heißt es, der Brauch des Hunger- und Fastentuches lasse sich bis ins 11. Jahrhundert zurückführen. „Das Volk war durch die Sünde von Gott getrennt.“ Es gab die Redewendungen: “Am Hungertuch nagen“ und „am Hungertuch flicken“. Strenges Fasten hielt man bis zum Palmsonntag ein.

Den Tag des Einzugs in Jerusalem leitete die Palmenweihe ein. Im Ermland nahm man statt Palmen Weidenkätzchen an Ruten, die nicht zu kurz geschnitten sein durften. Als Allheilmittel gegen Krankheiten schluckten die Gläubigen nach der Weihe ein Palmkätzchen.

Aus einem in der Nähe der Kirche aufgeschlagenen Zelt trug der Priester das verhüllte Kruzifix in feierlicher Prozession in die Kirche, während das Volk, das den Weg säumte, sang:

Kreuz, unsere Hoffnung allezeit!
In dieser heiligen Leidenszeit
Mehre der Frommen Gnade und Huld,
Zunichte mache der Sünder Schuld!
Dir, Heilesquell, Dreieinigkeit,
Zum Sieg des Kreuzes, welchen Du
uns schenkst, schenk Herr den Lohn dazu.
Amen.

Alte Kirche zu Dietrichswalde

Solche Prozessionen sind seit dem 7. Jahrhundert nachgewiesen. Zu Beginn warf sich der Priester vor dem verhüllten Kreuz in den Staub. Die Laien schlugen ihn mit Weidenzweigen, zuweilen recht derb. Das Ermland pflegte diesen Brauch seit seinem Bestehen.

„Ich will den Hirten schlagen, und es werden die Schafe der Herde zerstreut werden.“ In verschiedenen Gegenden galten die Rutenschläge dem Kreuz selbst.

An den Feldrainen, über den Ställen brachte man Weidenzweige an; das Vieh, die kostbarste Habe des Bauern, sollte geschützt werden.

An den Abenden der Karwoche las man im Haus die Leidensgeschichte laut vor. Meist taten dies die Mütter oder Großmütter. Zuweilen wurde sie auf den Höfen mit dem Gesinde gesungen.

Der Krummittwoch war der Tag des Frühaufstehens. Ungestraft durfte jeder mit einem Guß kalten Wassers geweckt werden, wenn er verschlief.

Am Gründonnerstag, dessen Namen von greinen = weinen

hergeleitet wurde, trug der Priester das weiße Meßgewand. An diesem Tag ertönte das feierlichste Gloria des Jahres. Danach gingen die Glocken schlafen, oder sie „flogen nach Rom zum heiligen Vater“. Der Priester schüttete Wasser und Wein über den Altartisch, verrieb es mit Weidenkätzchen und trocknete den Altar mit einem Tuch ab.

Eine Wasch-Prozession zog durch die Kirche, von Altar zu Altar. Die Glocken schwiegen; man holte Klappern hervor. Die Meßdiener zogen klappernd durch die Gemeinde und riefen: „Jetzt ist's Zeit zur Kirche!“ – „Jetzt ist's Zeit zum Klappern!“ – „Jetzt ist's Zeit zum Beten!“

Beim Versehgang wurde der Priester von einem klappernden Meßdiener begleitet. Kamen sie in die Nähe des Hauses, in dem der Kranke lag, stellten sie das Klappern ein. Auch an Häusern, in denen man andere Kranke wußte, unterbrach man das Klappern.

An Wegkapellen und Wegkreuzen blieb der Priester stehen und betete: „Der Du am Kreuz gelitten hast, erbarme Dich unser.“

Am Gründonnerstag weihte der Priester das Krankenöl. Abends fand in der Kirche die Fußwaschung statt. Im Frauenburger Dom wusch der Bischof zwölf Greisen aus seiner Diözese feierlich die Füße. Im Chor hielt er mit den Domherren das Liebesmahl. Dazu gab es Wein und Oblaten, die auch das Volk erhielt.

Das 13. Kapitel aus dem Johannesevangelium diente als Tischlesung. An der Stelle: „Steht auf und lasset uns gehen“ erhob sich die Tafelrunde und verließ den Chor.

Für die Kinder war der Gründonnerstag wegen der Gründonnerstagkringel ein Ereignis. Man zog an ihnen. Wer das größte Stück ergatterte, hatte Glück im Leben.

Am Karfreitag aß man früher keinen Bissen. Es war der Tag des „strengen Fastens“. Das Fasten wurde besonders auf dem Lande sehr streng eingehalten.

Priester und Laien sangen mit verteilten Rollen die Leidensgeschichte. Darauf enthüllte der Priester das Kreuz und trug es in feierlicher Prozession zum Grabaltar. Zuweilen war das Kreuz so schwer, daß zwei Priester es tragen mußten. Vor dem Altar wurde dem Kreuz ein rotes Meßgewand, später nur eine rote Stola umgelegt.

Der Priester legte es auf ein Fußbänkchen nieder, und alle Gemeindemitglieder zogen daran vorbei, knieten nieder und küßten die heiligen Wunden, ehe es vom Priester, der das Meßgewand abgelegt hatte, ins Grab gebettet wurde. In einigen Gegenden trug man die weißverschleierte Monstranz mit einer konsekrierten Hostie zu Grabe. Besondere Verehrung genossen das Kreuz und das Grab Christi in den Barockkirchen.

In aller Frühe errichteten Küster und Meßdiener vor der Kirche einen hohen Holzstoß, den der Priester mit einem Feuerstein entfachte. Die Gläubigen liefen mit brennenden Scheiten heim, um ihr Herdfeuer zu entzünden, das seit dem Gründonnerstag erloschen war. Auch die übriggebliebenen Kohlen nahm man mit, warf sie ins Herdfeuer und kochte darauf eine Mussuppe, die einzige Nahrung am Ostersamstag.

In manchen Städten und Dörfern fand eine „Judas-Verbrennung“ statt. Die Figur, die in die Flammen geworfen wurde, trug alte Kirchengewänder. Danach weihte der Priester das Taufwasser. Häuser und Stallungen erhielten einen besonderen Segen.

Seit 1610 sind Teufelsstürze aus Kirchengewölben überliefert.

Im Haushalt hielt man Kohle und Osterwasser bereit. Osterwasser gab man den Kranken zum Trinken, Palmkätzchen sollten vor Halsschmerzen bewahren; bei Bränden oder Blitzschlag warf man ein Kohlestückchen ins Feuer, um es an seiner Ausbreitung zu hindern.

OSTERN, FEST DER FREUDE

Mit den Glocken, die in aller Frühe aus Rom zurückkehrten oder aus dem Todesschlaf erwachten, hielt die Osterfreude ihren Einzug. Von den Türmen erscholl das Resurrexit, die Glocken läuteten die Feiertage ein. Selbst Gläubige, die jahrüber der Kirche ferngeblieben, fanden sich zum Ostergottesdienst ein. Wer Ostern nicht die Kirche besuchte, galt bei den Nachbarn nicht mehr als Christ.
Einen alten Brauch pflegte man am Ostermontag. Kinder zogen zu den Häusern der Verwandten und Bekannten, um mit Birkenruten oder Kaddigzweigen zu schmackostern.

„Ostern, schmackostern,
gebt Eier und Speck,
dann bin ich gleich weg.
Gebt ein Dittchen dazu,
dann lassen wir euch in Ruh."

In den Gärten lagen buntbemalte Ostereier versteckt, nach denen die Kinder suchten. Im Haus gab es hartgekochte Eier, später Osterhasen und Ostereier aus Schokolade in buntem Stanniolpapier. Ließ das Wetter es zu, unternahm die Familie einen Osterspaziergang.
Auferstehen und Erwachen der Natur fielen zusammen; auch der Mensch erstand zu neuem Leben.

***

Das alte Brauchtum ist weitgehend ausgestorben. Wird ein neues, das „neue Menschen" ins Ermland mitgebracht haben, erstehen? Ermländer, in alle Welt zerstreut, bemühen sich, das Erbe der Väter zu bewahren. Sie tragen das Ermland im Herzen; nichts kann sie dazu bringen, es aufzugeben. Mit Ernst Wiechert, dem Sohn des angrenzenden Landes der dunklen Wälder, bekennen sie:

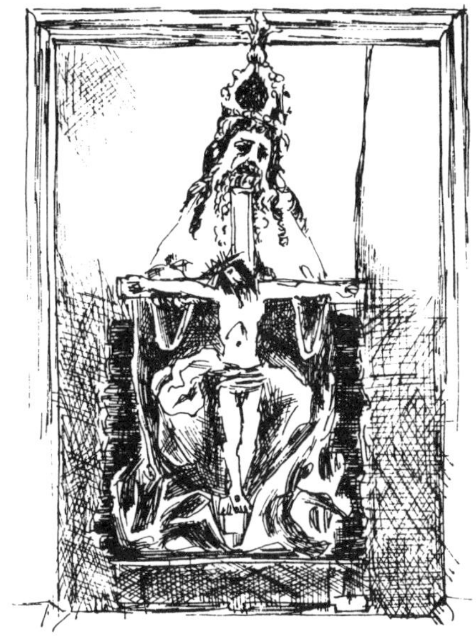

Guttstädter Gnadenstuhl

„Der Heimat denkt, wer fern der Heimat lebt.
Des Herzens Sehnsucht bleibt es unverloren,
das Bild, das sich in unsre Träume webt,
das Bild des Landes, dem wir eingeboren;

aus diesem Lande sproßten wir hervor,
gleich allem, was es trägt, von eignem Marke,
wir tranken diese Luft, und Aug' und Ohr
erfüllte diese Welt, die heimatstarke.

Wohl mag der Himmel auswärts tiefer blau'n,
und reich're Frucht die güt'ge Erde tragen,
und blumiger sich schmücken Flur und Au'n –
wer fragt, was sich mit solchem Maße mißt?

Die Heimat liebt man, weil's die Heimat ist."

FÜRSTBISCHÖFE UND BISCHÖFE VON ERMLAND

1. *Anselm* (1250–1278)
stammte aus den Landen der Krone Böhmen, vielleicht aus Schlesien, † 1278 Elbing
2. *Heinrich I. Fleming* (1278–1300)
* um 1230 Lübeck (?), † 15. Juli 1301 Frauenburg (?)
3. *Eberhard v. Neiße* (1301–1326)
* in Neisse, † 25. Mai 1326 Braunsberg
4. *Jordan* (1327–1328)
† 26. November 1328 Frauenburg (?)
5. *Heinrich II. Wogenap* (1329–1334)
† 9. April 1334 Frauenburg (?)
6. *Hermann von Prag* (1338–1349)
* um 1280 Prag, † 31. Dezember 1349 Frauenburg (?)
7. *Johann I. von Meißen* (1350–1355)
* um 1300 Belgern, † 30. 7. 1355 Heilsberg
8. *Johann II. Stryprock* (1355–1373)
* um 1300 Lübeck (?), † 1. September 1373 Avignon
9. *Heinrich III. Sorbom* (1373–1401)
* um 1340 Elbing, † 12. Januar 1401 Heilsberg
10. *Heinrich IV. Heilsberg von Vogelsang* (1401–1415)
* um 1360 Heilsberg, † 4. Juni 1415 Heilsberg
11. *Johann III. Abezier* (1415–1424)
* um 1375 Thorn, † 11. Februar 1424 Heilsberg
12. *Franz Resel, gen. Kuhschmaltz* (1424–1457)
* Rößel (Ramten b. Rößel ?), † 10. Juni 1457 Breslau
13. *Äneas Sylvius Piccolomini* (1457–1458)
* 18. Oktober 1405 Corsignano bei Siena, † 15. August 1464 Ancona
14. *Paul Stange von Legendorf* (1458–1467)
* Legendorf bei Rheden (?), † 23. Juli 1467 Braunsberg
15. *Nicolaus von Tüngen* (1467–1489)
* Wormditt, † 14. Februar 1489 Heilsberg
16. *Lucas Watzenrode* (1489–1512)
* im Oktober 1447 Thorn, † 19. März 1512 Thorn
17. *Fabian von Lossainen* (1512–1523)
* um 1470 Lusian, † 30. Januar 1523 Heilsberg
18. *Mauritius Ferber* (1523–1537)
* 1471 Danzig, † 1. Juli 1537 Heilsberg
19. *Johannes Dantiscus von Höfen* (1538–1548)
* 31. Oktober 1485 Danzig, † 27. Oktober 1548 Heilsberg
20. *Tiedemann Bartholomäus Giese* (1549–1550)
* 1. Juni 1480 Danzig, † 23. Oktober 1550 Heilsberg
21. *Stanislaus Hosius* (1551–1579)
* 5. Mai 1504 Krakau, † 5. August 1579 Capranica bei Rom
22. *Martin Kromer* (1579–1589)
* 1512/13 in Biecz, † 23. März 1589 Heilsberg
23. *Andreas Bathory* (1589–1599)
* um 1560, † 31. Oktober 1599 bei Karsburg
24. *Petrus Tylicki* (1600–1604)
* um 1543, † 13. Juli 1616 Krakau
25. *Simon Rudnicki* (1604–1621)
* 20. Oktober 1552, † 4. Juli 1621 Heilsberg
26. *Johann Albert Wasa* (1621–1633)
* 25. Mai 1612 Warschau, † 24. Dezember 1634 Padua
27. *Nikolaus Szyszkowski* (1633–1643)
* um 1579, † 7. Februar 1643 Heilsberg
28. *Johann Konopacki (1643)*
** um 1581 Kulm, † 23. Dezember 1643 Tyniec*
29. *Wenceslaus Leszczyński* (1644–1659)
* 15. August 1605 Baranow bei Brest, † 1. April 1666 Łyszkowice bei Łowicz
30. *Johann Stephan Wydźga* (1659–1679)
* Anf. 17. Jh. bei Lemberg, † 7. September 1685 Gnesen
31. *Michael Stephan Graf Radziejowski* (1679–1689)
* 3. Dezember 1641 in Polen, † 13. Oktober 1705 Danzig
32. *Johann Stanislaus Sbąski* (1689–1697)
* 1639 Smardzewice Woj. Kielce, † 21. Mai 1697 Heilsberg
33. *Andreas Chrysostomus Graf Załuski* (1698–1711)
* 1651, † 1. Mai 1711 Guttstadt
34. *Theodor Andreas Potocki* (1711–1723)
* 13. Februar 1664 Moskau, † 12. November 1738 Warschau
35. *Christoph Andreas Johannes Szembek* (1724–1740)
Graf in Slupow
* 16. Mai 1679 oder 1680, † 16. März 1740 Heilsberg
36. *Adam Stanislaus Grabowski* (1741–1766)
* 3. September 1698 Grabowo, Kr. Schlochau, † 15. Dezember 1766 Heilsberg
37. *Ignatius Krasicki* (1766–1795)
* 3. Februar 1735 Dubiecko, † 14. März 1801 Berlin
38. *Karl von Hohenzollern-Hechingen* (1795–1803)
* 25. Juli 1732 Freiburg i. Br., † 11. August 1803 Oliva
39. *Joseph von Hohenzollern-Hechingen* (1808–1836)
* 20. Mai 1776 Troppau, † 26. September 1836 Oliva
40. *Andreas Stanislaus von Hatten* (1836–1841)
* 31. August 1763 Lemitten bei Wormditt, † 3. Januar 1841 Frauenburg
41. *Joseph Ambrosius Geritz* (1841–1867)
* 3. April 1783 Seeburg, † 15. August 1867 Frauenburg
42. *Philipp Krementz* (1867–1886)
* 1. Dezember 1819 Koblenz, † 6. Mai 1899 Köln
43. *Andreas Thiel* (1886–1908)
* 28. September 1826 in Lokau Kr. Rößel, † 17. Juli 1908 Frauenburg
44. *Augustinus Bludau* (1908–1930)
* 6. März 1862 Guttstadt, † 9. Februar 1930 Frauenburg
45. *Maximilian Kaller* (1930–1947)
* 10. Oktober 1880 Beuthen O/S, † 7. Juli 1947 Frankfurt/M.
46. *Józef Drzazga* (1972–1978)
* 4. Juli 1914 Modliborzyce, Diöz. Lublin, † 12. September 1978 Allenstein
47. *Józef Glemp* (1979–1981)
* 18. Dezember 1929 Hohensalza
48. *Jan Władisław Oblak* (1982–heute)
* 26. Mai 1913 Borzecin Kr. Brzesko

DIE STÄDTE UND DÖRFER DES ERMLANDS

deutsch – polnisch

STADTKREIS ALLENSTEIN

Allenstein – *Olsztyn*

LANDKREIS ALLENSTEIN

Abstich – *Łupstych*
Alt Kockendorf – *Stare Kawkowo*
Alt Märtinsdorf – *Marcinkowo*
Alt Schöneberg – *Wrzesina*
Alt Vierzighuben – *Stare Włóki*
Alt Wartenburg – *Barczewko*
Ballingen – *Bałąg*
Barwienen – *Barwiny*
Bertung – *Bartąg*
Bogdainen – *Bogdany*
Braunswalde – *Brąswałd*
Bruchwalde – *Bruchwałd*
Cronau – *Kronowo*
Darethen – *Dorotowo*
Daumen – *Tumiany*
Debrong – *Dobrąg*
Derz – *Derc*
Deuthen – *Dajtki*
Dietrichswalde – *Gietrzwałd*
Diwitten – *Dywity*
Fittigsdorf – *Wójtowo*
Friedrichstädt – *Pokrzywy*
Ganglau – *Gagławki*
Gedaithen – *Giedajty*
Gillau – *Giławy*
Göttkendorf – *Gutkowo*
Gottken – *Godki*
Grabenau – *Przykop*
Graskau – *Groszkowo*
Grieslienen – *Gryźliny*
Gronitten – *Gronity*
Groß Bartelsdorf – *Bartołty Wielkie*
Groß Buchwalde – *Bukwałd*
Groß Damerau – *Dąbrówka Wielka*
Groß Gemmern – *Gamerki Wielkie*
Groß Kleeberg – *Klebark Wielki*
Groß Lemkendorf – *Lamkowo*
Groß Purden – *Purda*
Groß Trinkhaus – *Trękus*
Herrmannsort – *Nowa Kaletka*
Hirschberg – *Jedzbark*
Hochwalde – *Ługwałd*
Honigswalde – *Miodówko*
Jadden – *Gady*
Jomendorf – *Jaroty*
Jonkendorf – *Jonkowo*
Kainen – *Kajny*
Kalborn – *Kaborno*
Kallacken – *Kołaki*
Kaplitainen – *Kaplityny*
Kirschbaum – *Kierzbuń*
Kirschdorf – *Kiersztanowo*
Kirschlainen – *Kierzliny*
Klaukendorf – *Klewki*
Klausen – *Klucznik*
Klein Kleeberg – *Klebark Mały*
Klein Lemkendorf – *Lamkówko*
Klein Purden – *Purdka*
Köslienen – *Kieźliny*
Krämersdorf – *Kromerowo*
Kranz – *Kręsk*
Lansk – *Rybaki*
Leinau – *Linowo*
Leissen – *Łajsy*
Lengainen – *Łęgajny*
Leschnau – *Leszno*
Likusen – *Likusy*
Maraunen – *Maruny*
Mauden – *Majdy*
Micken – *Myki*
Mokainen – *Mokiny*
Mondtken – *Mątki*
Nagladden – *Naglady*
Nattern – *Naterki*
Nerwigk – *Nerwik*
Neu Bartelsdorf – *Nowa Wieś*
Neu Kockendorf – *Nowe Kawkowo*
Neu Mertinsdorf – *Nowe Marcinkowo*
Neu Schöneberg – *Porbady*
Neu Vierzighuben – *Nowe Włóki*
Nußtal – *Orzechowo*
Odritten – *Odryty*
Ottendorf – *Radosty*
Pathaunen – *Pajtuny*
Patricken – *Patryki*
Penglitten – *Pęglity*
Plautzig – *Pluski*
Plutken – *Plutki*
Polleiken – *Polejki*
Preiwils – *Prejlowo*
Prohlen – *Próle*
Quidlitz – *Silice*
Ramsau – *Ramsowo*
Redigkainen – *Redykajny*
Rentienen – *Rentyny*
Reuschhagen – *Ruszajny*
Reußen – *Ruś*
Rosenau – *Różnowo*
Rosgitten – *Różgity*
Schaustern – *Szałstry*
Schillings – *Szeląogowo*
Schönau – *Szynowo*
Schönbrück – *Ssząbruk*
Schönfelde – *Unieszewo*
Schönfließ – *Dadaj*
Schönwalde – *Szczęsne*
Skaibotten – *Skajboty*
Sombien – *Ząbie*
Spiegelberg – *Spręcowo*
Stabigotten – *Stawiguda*
Steinberg – *Łomy*
Stenkienen – *Stękiny*
Süssenthal – *Sętal*
Teerwalde – *Stara Kaletka*
Thomsdorf – *Tomaszkowo*
Tollack – *Tuławki*
Tolnicken – *Pupki*
Trautzig-Nickelsdorf – *Track-Nikielkowo*
Wadang – *Wadąg*
Warkallen – *Warkały*
Wartenburg, Stadt – *Barczewo*
Wemitten – *Wymój*
Wengaithen – *Węgajty*
Wieps – *Wipsowo*
Windtken – *Wołowno*

Wiranden – *Wyrandy*
Woppen – *Wopy*
Woritten – *Woryty*
Wuttrienen – *Butryny*

LANDKREIS BRAUNSBERG

Agstein – *Augustyny*
Alt Münsterberg – *Stare Monasterzysko*
Basien – *Bażyny*
Betkendorf – *Biedkowo*
Bludau – *Błudowo*
Blumberg – *Mikołajewo*
Bornitt – *Bornity*
Borwalde – *Borowiec*
Braunsberg, Stadt – *Braniewo*
Bürgerwalde – *Miejska Wola*
Drewsdorf – *Drewnowo*
Engelswalde – *Sawity*
Eschenau – *Jesionowo*
Fehlau – *Wielewo*
Frauenburg, Stadt – *Frombork*
Gauden – *Gaudyny*
Gayl – *Gajle*
Gedauten – *Gieduty*
Gedilgen – *Giedyle*
Glanden – *Glądy*
Groß Rautenberg – *Wierzno Wielkie*
Grunenberg – *Gronkowo*
Heinrichsdorf – *Jędrychowo*
Heinrikau – *Henrykowo*
Heistern – *Kajmity*
Hogendorf – *Wysoka Braniewsko*
Huntenberg – *Podgórze*
Karben
Karschau – *Karszewo*
Kaschaunen – *Kaszuny*
Kirschienen – *Kiersiny*
Kleefeld – *Glebisko*
Klein Rautenberg – *Wierzno Małe*
Klenau – *Klejnowo*
Klingenberg – *Łozy*
Komainen – *Kumajny*
Kreutzdorf – *Krzyżewo*
Krickhausen – *Krzykały*
Kurau – *Kurowo Braniewskie*
Langwalde – *Długobór*
Layß – *Łajsy*
Lichtenau – *Lechowo*
Lichtwalde – *Wyrębiska*
Liebenau – *Lubnowo*
Liebenthal – *Lubianka*
Lilienthal – *Białczyn*
Lotterbach – *Niedbałki*
Lotterfeld – *Łoźnik*
Mehlsack, Stadt – *Pieniężno*
Mertensdorf – *Marcinkowo*
Migehnen – *Mingajny*
Millenberg – *Miłkowo*
Neuhof – *Nowy Dwór*
Neu Passarge – *Nowa Pasłęka*
Open – *Opin*
Packhausen – *Pakosze*
Parlack – *Pierławki*
Paulen – *Pawły*
Peterswalde – *Piotrowiec*
Pettelkau – *Pierzchały*
Pilgramsdorf – *Pielgrzymowo*
Plaßwich – *Płoskinie*
Plauten – *Pluty*
Podlechen – *Podlechy*
Rawusen – *Robuzy*
Regitten – *Rogity*
Rosengarth – *Różaniec*
Rosenwalde – *Wola Wilknicka*
Schafsberg – *Baranówka*
Schalmey – *Szałmia*
Schillgehnen – *Szyleny*
Schönau – *Jarzębiec*
Schöndamerau – *Dąbrowa*
Schönsee – *Kowale*
Schwillgarben – *Brzeszczyny*
Seefeld – *Jeziorko*
Sonnenfeld – *Cieszęty*
Sonnwalde – *Radziejewo*
Stangendorf – *Stępień*
Stegmannsdorf – *Chwalęcin*
Steinbotten – *Pełty*
Straubendorf – *Strubno*
Sugnienen – *Żugienie*
Thalbach – *Bludyny*
Tiedmannsdorf – *Chruściel*
Tolksdorf – *Tolkowiec*
Tüngen – *Bogatyńskie*
Vierzighuben – *Włóczyska*
Wagten – *Drwęczno*
Willenberg – *Garbina*
Wölken – *Wołki*
Woppen – *Wopy*
Wormditt, Stadt – *Orneta*
Woynitt – *Wojnity*
Wusen – *Osetnik*
Zagern – *Zawierz*

LANDKREIS HEILSBERG

Albrechtsdorf – *Wojciechowo*
Alt Garschen – *Garzewo*
Althof – *Stary Dwór*
Altkirch – Praslity
Ankendorf – *Jankowo*
Arnsdorf – *Lubomino*
Battatron – *Barcikowo*
Beiswalde – *Bzowiec*
Benern – *Bieniewo*
Bewernick – *Bobrownik*
Blankenberg – *Gologóra*
Blankensee – *Blanki*
Bleichenbarth – *Bartniki*
Blumenau – *Czarny Kierz*
Bogen – *Bugi*
Drewenz – *Drwęca*
Elditten – *Ełdyty Wielkie*
Eschenau – *Jesionowo*
Frauendorf – *Babiak*
Freimarkt – *Wolnica*
Friedrichsheide – *Poborowo*
Glottau – *Głotowo*
Gronau – *Gronowo*
Großendorf – *Wielochowo*
Groß Klaussitten – *Klusity Wielkie*
Guttstadt, Stadt – *Dobre Miasto*
Heiligenfelde – *Świętnik*
Heiligenthal – *Świątki*
Heilsberg, Stadt – *Lidzbark Warmiński*
Hohenfeld – *Wysokie*
Jegothen – *Jagoty*
Kalkstein – *Wapnik*
Katzen – *Kotowo*
Kerschdorf – *Kiersnowo*
Kerschen – *Kierz*
Kerwienen – *Kierwiny*
Kiwitten – *Kiwity*
Kleiditten – *Klejdyty*
Kleinenfeld – *Klony*
Klingerswalde – *Podleśna*
Klotainen – *Klutajny*
Knipstein – *Knipy*
Knopen – *Knopin*
Kobeln – *Kobiela*

Konitten – *Konity*
Konnegen – *Koniewo*
Krekollen – *Krekole*
Langwiese – *Długołęka*
Launau – *Łaniewo*
Lauterhagen – *Samolubie*
Lauterwalde – *Samborek*
Lawden – *Lauda*
Liewenberg – *Miłogórze*
Lingenau – *Łęgno*
Markeim – *Markajmy*
Mawern – *Mawry*
Medien – *Medyny*
Münsterberg – *Cerkiewnik*
Napratten – *Napraty*
Neuendorf b. Guttstadt – *Nowa Wieś Mała*
Neuendorf b. Heilsberg – *Nowa Wieś Wielka*
Neu Garschen – *Garzewko*
Noßberg – *Orzechowo*
Ober Kapkeim – *Kabikiejmy*
Petersdorf – *Piotrowo*
Peterswalde – *Piotraszewo*
Polpen – *Połapin*
Pomehren – *Pomorowo*
Queetz – *Kwiecewo*
Raunau – *Runowo*
Regerteln – *Rogiedle*
Rehagen – *Sarnowo*
Reichenberg – *Kraszewo*
Reimerswalde – *Ignalin*
Retsch – *Redy*
Roggenhausen – *Rogóż*
Rosenbeck – *Różyn*
Rosengarth – *Różanka*
Schlitt – Skolity
Schmolainen – *Smolajny*
Schönwalde – *Warmiany*
Schönwiese – *Międzylesie*
Schulen – *Sułowo*
Schwenkitten – *Świękity*
Schwuben – *Swobodna*
Settau – *Żytowo*
Siegfriedswalde – *Żegoty*
Sommerfeld – *Zagony*
Soritten – *Suryty*
Springborn – *Stoczek*
Stabunken – *Stabunity*
Sternberg – *Stryjkowo*
Stolzhagen – *Kochanówka*
Süssenberg – *Jarandowo*
Thegsten – *Rokitnik*
Tollnigk – *Tolniki Wielkie*
Trautenau – *Trutnowo*
Unter Kapkeim – *Kabikiejmy Dolne*
Voigtsdorf – *Wójtowo*
Waltersmühl – *Konradowo*
Warlack – *Worlawki*
Wernegitten – *Klębowo*
Wolfsdorf – *Wilczkowo*
Workeim – *Workiejmy*
Wosseden – *Nowosady*
Wuslack – *Wozławki*

LANDKREIS RÖSSEL

Adlig Wolken – Wólka Szlachlecka
Atkamp – *Kępa Tolnicka*
Bansen – *Bęsia*
Begnitten – *Biegonity*
Bergenthal – *Górowo*
Bischdorf – *Sątopy-Samulewo*
Bischofsburg, Stadt – *Biskupiec*
Bischofstein, Stadt – *Bisztynek*
Bredinken – *Bredynki*
Buchenberg – *Bukowa Góra*
Bürgerdorf – *Miejska Wieś*
Damerau – *Dąbrowa*
Elsau – *Olszewnik*
Fleming – *Frączki*
Frankenau – *Frankowo*
Freudenberg – *Radostowo*
Fürstenau – *Księżno*
Gerthen – *Kokoszewo*
Glockstein – *Unikowo*
Groß Bößau – *Biesowo*
Groß Köllen – *Kolno*
Groß Mönsdorf – *Mnichowo*
Großwolken – *Wólka Wielka*
Heinrichsdorf – *Wojkowo*
Kabienen – *Kabiny*
Kekitten – *Kikity*
Klackendorf – *Troszkowo*
Klawsdorf – *Klewno*
Klein Bößau – *Biesówko*
Kleisack – *Zarębiec*
Komienen – *Kominki*
Krämersdorf – *Kramarzewo*
Krausen – *Kruzy*
Krausenstein – *Kukliki*
Krokau – *Krokowo*
Labuch – *Łabuchy*
Landau – *Lądek*
Lautern – *Lutry*
Legienen – *Leginy*
Lekitten – *Lekity*
Linglack – *Lędławki*
Lokau – *Tłokowo*
Loßainen – *Łżany*
Modlainen – *Modliny*
Molditten – *Mołdyty*
Nassen – *Nasy*
Neudims – *Najdymowo*
Ottern – *Otry*
Paudling – *Pudląg*
Plausen – *Paluzy*
Plößen – *Pleśno*
Polkeim – *Polkajmy*
Porwangen – *Pierwągi*
Prossitten – *Prosity*
Raschung – *Rasząg*
Ridbach – *Rzeck*
Robaben – *Robawy*
Rochlack – *Rukławki*
Rößel, Stadt – *Reszel*
Rosenschön – *Nowa Wieś Reszelska*
Rothfließ – *Czerwonka*
Samlack – *Samławki*
Santoppen – *Sątopy*
Sauerbaum – *Zerbuń*
Scharnigk – *Żardeniki*
Schellen – *Ryn Reszelski*
Schönborn – *Studnica*
Schöndorf – *Zabrodzie*
Schöneberg – *Dąbrowa Wysoka*
Seeburg, Stadt – *Jeziorany*
Soweiden – *Zawidy*
Sternsee – *Stanclewo*
Stockhausen – *Stryjewo*
Sturmhübel – *Grzęda*
Teistimmen – *Tejstymy*
Tollnigk – *Tolniki Małe*
Tornienen – *Tarniny*
Voigtsdorf – *Wójtowo*
Waldensee – *Piszewo*
Walkeim – *Wilkiejmy*
Wangst – *Wągsty*
Wengoyen – *Węgój*
Willims – *Wilimy*
Wonneberg – *Studzianka*
Zehnhuben – *Kostrzewy*

BILDERVERZEICHNIS

BILDNACHWEIS

Augustin: 76, 77, 95, 105, 106, 109, 111, 113, 125; Curtius: 80, 87–91, 93, 104, 110, 112, 115, 117, 139, 140; Jesser: 74, 78, 79, 81–86, 92, 94, 96–103, 107, 108, 114, 116, 118, 120–124, 126–135, 137, 138, 141, 142; Merz: 136; OEP: 73, 75, 119, 143, 144.

73 HEILSBERG, am Einfluß der Simser in die Alle gelegen, die malerischste der ermländischen Städte. Über die Fachwerkbauten an der Alle erhebt sich seit 1718 der barocke Helm des Glockenturms von Sankt Peter und Paul, gekrönt von der leuchtenden Figur des Erzengels Michael. 1308 von Schlesiern gegründet, wählten die ermländischen Bischöfe Heilsberg 1350 zu ihrer Residenz. Von 1506 bis 1510 weilte hier Coppernicus als Leibarzt seines Onkels, des Fürstbischofs von Watzenrode. Die Stadt hat eine Reihe großer Söhne hervorgebracht, unter ihnen den Dichter Knobelsdorf.

74 Die Heilsberger PFARRKIRCHE, 1315 von Bischof Eberhard von Neisse den Apostelfürsten Petrus und Paulus geweiht, erlitt bei einem Brand 1497 schwere Zerstörungen. Durch Erhöhung der Seitenschiffe wurde die dreischiffige Basilika in eine Hallenkirche umgebaut. Ihr Turm steigt in fünf Stockwerken, durch Spitzbogenblenden belebt, bis zu der 1698 hinzugefügten Galerie auf und endet in drei immer kleiner werdenden, offenen, mit Kuppeln gedeckten Laternen. Nach einem Blitzeinschlag 1698 mußte die Turmspitze erneuert werden. Das Langhaus ist fünfjochig, mit diagonalen und rechtwinkligen Strebepfeilern. Der neue Chor wurde 1893 angebaut. Im Innern hat die Kirche eine Ausstattung, die Stilelemente von der Gotik bis zum Rokoko zeigt. Der Hochaltar ist im reinen Rokoko errichtet. Die Kirche birgt in einer vergoldeten Büste die Reliquie der heiligen Ida.

75 Die Heilsberger BURG, Residenz der Fürstbischöfe bis 1772, besteht aus einer VORBURG und der eigentlichen Burganlage. Bischof Johann von Meißen legte den Grundstein, Johannes II. Stryprock führte den Bau weiter, Heinrich III. Sorbom vollendete ihn 1400. So entstand die schönste mittelalterliche Burganlage des Ermlands, dem Frauenburger Dom ebenbürtig. Die niedrig gehaltene Vorburg hatte im Südosten einen Rundturm, den GESCHÜTZTURM, von dem aus Flankenangriffe abgewehrt wurden. Im Hof der Vorburg stand eine Sandsteinstatue der heiligen Katharina.

76 Der zweigeschossige KREUZGANG des Heilsberger Schlosses ist in seiner Art einmalig; ein „Musterstück ernster Würde und gefällig-wohltuender Form". Im Erdgeschoß die gedrungenen, nur mit der notwendigen Kapitellbildung versehenen Granitpfeiler, darauf die schlanken Spitzbögen aus Ziegeln im gotischen Verband. Das Hauptgeschoß, das der Erholung und dem Gebet diente, hat Säulen mit Kapitellen aus schwedischem Kalkstein, auf die sich die weitgespannten Spitzbogen stützen. Die Hauptrippen verlaufen diagonal und treffen sich gegenüber dem Scheitel der Spitzbogenöffnung.

77 Die mit drei Altären ausgestattete SCHLOSSKAPELLE des Heilsberger Residenzschlosses der ermländischen Bischöfe ist ein dreijochiger gotischer Raum mit vielgliedrigen mittelalterlichen Gewölben, der eine prunkvolle Rokokoausstattung erhielt. Die in den Farben Gold und Weiß gehaltene Orgelseite birgt unter der Orgel die Sakristei. Beim Bau des Mittelschlosses war eine Verbindung mit der Kapelle geschaffen worden, die von den Bischofsgemächern zur bischöflichen Loge führte. Die Kapelle erhielt reiches Schnitzwerk, die Wände sind mit Malereien biblischer Motive geschmückt. In den Fensterleibungen hat man alte gotische Fresken entdeckt. 1930 wurde der Raum grundlegend renoviert. Der letzte deutsche Bischof des Ermlands, Maximilian Kaller, beabsichtigte, den Zustand des 18. Jh. wieder herzustellen; infolge der Zeitereignisse ist dies nicht mehr zustande gekommen.

78 Wertvolle Kunstschätze wurden und werden im Schloß Heilsberg museal ausgestellt, wie hier im KLEINEN REMTER. Anlaß zu der Anlage dieses Museums, das sich auf beide Remter und das gesamte Wehrgeschoß erstreckte, gab die Restaurierung des um 1500 gemalten Jodokus-Altars der Dorfkirche von Santoppen im Kreis Rößel durch den Kunstmaler Prof. Ernst Fey in der Werkstatt des Schloßbauamtes. Die Tafeln stellte man danach im kleinen Remter auf. Durch die Verlegung des Museums des Historischen Vereins für Ermland von Braunsberg nach Heilsberg wurde die Sammlung bedeutend erweitert. Sie erhielt neue Stücke hinzu und wurde gleichzeitig zum Heimatmuseum des Bistums ausgebaut. In den hellen Räumen der Remter sind heute wertvollste Stücke der ermländischen Kunst- und Kulturgeschichte dem Besucher jederzeit zugänglich.

79 Von den drei Heilsberger Stadttoren ist nur das HOHE TOR bis in unsere Zeit hinein erhalten. Das Kirchen- wie das Mühlentor sind im Laufe der Jahrhunderte untergegangen. Die Tore waren Teil der Stadtbefestigung, von Bischof Eberhard von Neisse im ersten Viertel des 14. Jahrhunderts angelegt. Burg und Vorburg wie die Stadt waren ummauert und mit einem Stadtgraben versehen. Auf die Mauern wurden später Häuser gebaut. Blickt man vom Tal aufwärts, scheint das Hohe Tor über die Häuser der Stadt hoch herauszuragen. Mit den beiden Rundtürmen ist es zu einem Block verschmolzen. Früher soll es noch ein Vortor gegeben haben. Die obere Blendgalerie wie der Spitzbogenfries, die das massige Tor etwas leichter erscheinen lassen, sind in den vierziger Jahren des 19. Jahrhunderts hinzugekommen. Trotzdem legt das Tor beredtes Zeugnis von der Stärke der damaligen Stadtbefestigung ab.

80 Brunsberge, dem Bischof Anselm als erster Stadt im Ermland 1254 die Handfeste verlieh, ging im Prussenaufstand von 1260 unter. 1284 erhielt BRAUNSBERG die zweite Handfeste. St. Katharina, einzige ermländische Hallenkirche mit Chor, 1342 bis 1442 erbaut, starb im Zweiten Weltkrieg und mit ihr das alte Braunsberg. Nur Reste der Stadtbefestigung aus dem 13. Jahrhundert überlebten. In der Nordwestecke der nach dem 1284 gegründeten Franziskaner-Minoritenkloster benannte PFAFFENTURM, Zeuge der Umwandlung in ein Jesuitenkolleg, späteres Lyceum Hosianum.

81 Zur Braunsberger Stadtbefestigung gehörte der ROSSMÜHLENTURM, auch Klosterturm oder Nonnenturm genannt, da er am Ende der Klosterstraße lag, auf deren beiden Seiten die Gebäude des Katharinenklosters standen. 1505 erbaut, bildete er einen starken Eckpfeiler der auf einem Feldsteinfundament errichteten Ziegelmauer im gotischen Verband, vielfach mit glasierten Kopfsteinen geschmückt. Die Burgmauer war im 15. Jahrhundert das Heiligtum der Braunsberger. Ende des 14. Jahrhunderts hatten sie sie selbst zerstört, doch 1396 auf eigene Kosten neu errichten müssen. Drei Stadttore und einige Nebentore waren der Zerstörung anheimgefallen. Die Söldner des Ordens, später Schweden und Franzosen, hatten die Stadt heimgesucht, ihr schwere Lasten auferlegt. Sie, einst die stolzeste der ermländischen Städte, Mitglied der Hanse, Mitbegründerin des Preußischen Bundes, Exporthafen des Fürstbistums, konnten keine Befestigungsmauern retten – sie ging dahin.

82 In der ersten Hälfte des 14. Jahrhunderts legte Bischof Hermann von Prag die Braunsberger Neustadt an und gab ihr Lübisches Recht. Von Bischof Heinrich Vogelsang erweitert, 1394 mit der Altstadt vereinigt, doch 1398 bereits wieder von ihr getrennt. 1437 gestattete Bischof Franz Kuhschmaltz den Bau einer Kapelle, die Bischof Kromer 1584 der Heiligsten Dreifaltigkeit weihte. Die TRINITATISKIRCHE hatte keinen Turm. Statt eines früheren Dachreiters wurde das Glockentürmchen über dem Eingangsgiebel angebracht. Den Giebel bildet eine flach ansteigende Mauer mit Nischen und auf Konsolen ruhenden vielgegliederten Pfeilern, an die sich Türmchen lehnen, eine einmalige Bauweise im Ermland. Das Innere, fünf spitzbogige Fensterachsen lang, mit achteckigem Chor, ohne Gewölbe, ohne Strebepfeiler. Hochaltar mit einem Dreifaltigkeitsbild um 1682, die Kanzel im Rokoko, die Orgel später Barock.

83 Auf einer zwanzig Meter hohen Diluvialplatte an der Ostküste des Frischen Haffes entstand in der Zeit von 1329 bis 1388 das bedeutendste Werk der Kirchenbaukunst im deutschen Osten, der FRAUENBURGER DOM. Mit einem dreischiffigen Langhaus und einem einschiffigen Chor, unter Zisterziensereinfluß, daher turmlos gebaut, doch anstelle des Turmes an den vier Ecken des Langhauses hohe, spitze Ecktürmchen und das gleiche Motiv von beiden Dachreitern aufgenommen. Westgiebel und Vorhalle sind Kunstwerke für sich; einmalig im Osten die schöne Arkaden-Zwerchgalerie.

84 Die Burg des Frauenburger Domstiftes umgab schützend die Kathedrale. Sie wurde nach deren Vollendung 1392 ausgebaut. Eine starke Mauer, mit Rund- und Ecktürmen versehen, gab den Domherrenkurien, dem Bischofspalais, dem Kapitelsaal und nicht zuletzt der Kirche selbst die notwendige Sicherheit. In diese Burgbefestigung war an der Südwestecke das achteckige Erdgeschoß des GLOCKENTURMS einbezogen. Es war im gotischen Verbande angelegt und hatte schwarzlasierte Köpfe der Backsteine. Die kahlen Mauerflächen waren durch ein Rautenmuster belebt. Den oberen Mauerkörper des Turms hat erst 1685 Fürstbischof Michael Stephan Graf Radziejowski, später Primas von Polen, im Blockverband ausführen lassen. Wahrscheinlich ist, daß eine Urkunde von 1448 sich auf den Turm bezieht, in der es heißt: quando campanile in magna turri et campam major parabantur.

85 Den Charakter der Wehranlage der Frauenburger Domburg betonen die beiden kolossalen Rundtürme, die ihr HAUPTTOR flankieren. Selbst hier hat man auf schmückende Elemente nicht verzichtet. Ein Vergleich mit alten Stichen verrät jedoch, daß sich der Anblick des Tores im 19. Jahrhundert zu seinen Ungunsten verändert hat. Der Geschichtsträchtigkeit dieses Bauwerks wird sich bewußt, wer sich einmal vergegenwärtigt, wer alles im Lauf der sechs Jahrhunderte durch dieses Tor geschritten ist: Fürstbischöfe und Mitglieder des Domkapitels, Ordenshochmeister, königliche Gesandte, Fürsten, Herzöge, Bischöfe und das unendliche Heer der Priester, die im Frauenburger Dom ihre Weihe erhielten; dazu die meisten Ermländer, die seit dem Ende des 14. Jahrhunderts ihren Dom besucht haben. Ein Tor, das wie selten eines Geschichte erlebt hat und dessen Steine davon künden.

86 In der Nordostecke der Frauenburger Domburg steht der NICOLAUS-COPPERNICUS-TURM, in dem der Frauenburger Domherr von 1510 bis 1543 arbeitete, von dem aus er den Himmel beobachtet hat. Von den 27 Beobachtungen, die er in seinem Hauptwerk De revolutionibus orbium coelestium aufgezeichnet hat, sind die meisten aus Frauenburg datiert. In diesem Turm lagen die von ihm selbstgefertigten Meßinstrumente. Hier hat er das neue astronomische Weltbild begründet, das bisherige Wahrnehmen durch das Denken ersetzt. Hier hat er das erste Weltbild geschaffen, das vom menschlichen Denken erschlossen war, hat er zur Sonne: „Steh still!“ gesprochen und die Erde bewegt. Hier hat Coppernicus die Grundlagen geschaffen, auf denen Immanuel Kant sein Werk aufbauen, Johann Wolfgang von Goethe die deutsche Klassik begründen konnte. Eine „Weihestätte der Erkenntnis“ nannte Brachvogel den Turm.

87 Durch das große Portal im Westgiebel und die reich ausgestattete Vorhalle betritt man das dreischiffige Langhaus des FRAUENBURGER DOMS. Über den drei gleichhohen Schiffen „schwebt“ das klare Sterngewölbe, das sich hinter dem spitzbogigen Triumphbogen in den um wenige Stufen erhöhten einschiffigen Chor weiterzieht. Der Hochaltar von 1504, in dessen Mittelpunkt vor gemustertem Goldgrund die Jungfrau auf der Mondsichel der Schlange den Kopf zertrat, mußte 1752 einem Barockaltar, nach dem Muster der Domkirche in Krakau gefertigt, weichen, der die Himmelaufnahme Mariae und darüber den Heiligen Andreas, den Patron des Bistums, beide gemalt von dem Dresdener Stefano Torelli im 18. Jahrhundert, zeigt. An der Nordwand hing eine Kopie von Raffaels Sixtina, gemalt von Gerhard Kügelgen, ein Geschenk des Fürstbischofs Joseph von Hohenzollern. Das Chorgestühl aus dem 18. Jahrhundert stifteten die Bischöfe Potocki und Szembek.

88 Am Ufer der Walsch liegt die 1282 erstmals erwähnte, um 1295 vom Lokator Dietrich von Lichterfeld an der Stelle der Prussensiedlung Malcekuke angelegte Stadt MEHLSACK, die 1312 vom Domkapitel ihre Handfeste nach kulmischem Recht erhielt. Die Pfarrkirche Sankt Peter und Paul, nach 1350 als dreischiffige Hallenkirche mit hohem Turm errichtet, war 1893 baufällig geworden und wurde durch die heutige fünfschiffige Kirche im „neuesten gotischen Stil“ ersetzt. Mehlsack gehörte seit 1818 zum Kreis Braunsberg und war Sitz der Hauptgenossenschaft des Ermländischen Bauernvereins. Seit 1900 gab es hier ein Gestüt für schwere Kaltblutpferde, die sogenannten „Ermländer“. Im Walschtal traf man neben fischenden Reihern den Schwarzen Storch an.

89 Am Ufer der Drewenz liegt die Stadt WORMDITT, 1308 erstmals als Siedlung erwähnt. Bischof Eberhard von Neisse, der ihr 1312 die Handfeste nach kulmischem Recht erteilte, hat Siedler aus seiner schlesischen Heimat ins Land geholt. Das gotische Rathaus, einst von Hackenbuden umgeben, an deren Stelle später feste Steinbauten traten, stand 1373 bereits. Im Turm auf der Mitte des hohen Satteldaches, der später hinzugefügt wurde, hing die älteste Glocke des Ermlands von 1384, die in gotischen Minuskeln den Namen Katharina trug. Vom Staffelgiebel grüßte ein Storchennest.

90 Typisch für die ermländischen Städte waren die LAUBEN um den Markt – ein Zeugnis bürgerlichen Wohlstands, insbesondere in einer Stadt wie Wormditt, in der bis ins 19. Jahrhundert hinein die Tuchweberzunft blühte, in der sich der Sitz des Hutmacherhauptgewerks im Fürstbistum befand. Die Lauben gewährten den Marktleuten und Bürgern im Sommer Schutz vor der stechenden Sonne, im Herbst und Winter vor den eisigen Stürmen und jahrüber vor plötzlich hereinbrechendem Unwetter. Von der Witterung unbehelligt, konnten die Anwohner sich sorglos vor ihre Haustür setzen, konnten in späteren Zeiten Hausfrauen die Auslagen der Geschäfte betrachten, sich bei ihren Einkäufen Zeit lassen, sorgfältig vergleichen und wählen. Wuchtige Pfeiler und Säulen trugen die vorspringenden Obergeschosse der Steinhäuser, vermittelten Sicherheit und Geborgenheit im Schoße einer blühenden Stadt.

91 Die Wormditter PFARRKIRCHE, in ihren ältesten Teilen bis zum Beginn des 14. Jahrhunderts zurückreichend, wurde 1379 von Bischof Heinrich III. Sorbom dem heiligen Johannes geweiht – eine dreischiffige gotische Basilika mit geradem Chorabschluß und Strebepfeilern, später durch einen Kapellenkranz erweitert, wodurch die Breite der Seitenschiffe verdoppelt wurde. Der Bau mit den hohen Seitenschiffen und Oberfenstern im Mittelschiff war 1494 vollendet. Der Turm im Westen mit den durchlaufenden Spitzbogenblenden ging in eine achteckige Glockenhaube über. Der schlank aufsteigende Ostgiebel gehört zu den ältesten Teilen des Baues. Seine Ecken werden von Strebepfeilern flankiert, die oben tabernakelartig enden.
Agnes Miegel hat diese Kirche besungen: „Mit schönen Giebeln und Pfeilern, die wie Lanzen darüberragen, stehst du bereit, einer wandernden Königin Kind zu tragen."

92 Der HOCHALTAR der Wormditter Pfarrkirche reicht bis zu den Sterngewölben hinauf und füllt den ganzen Chorraum. Er wurde von Erzpriester Lamprecht erbaut, 1744 vergoldet. Zwischen römischen Säulen mit Fruchtbehängen an den Kapitellen befindet sich ein Ölbild der Taufe Christi, zwischen Säulen und Ecken stehen die Holzstatuen der Apostel Petrus und Paulus, Andreas und Jakobus, des Evangelisten und des Täufers Johannes. Im zweiten Stock: zwischen korinthischen Säulen ein Ölbild der heiligen Elisabeth, der Patronin der Stadt. Zwischen den Säulen die Holzstatuen der Heiligen Bartholomäus, Philippus, Matthias und Thomas. Im dritten Stock: zwischen korinthischen Säulen die vergoldete Holzstatue der Jungfrau auf der Mondsichel in der Glorie, neben ihr Simon, Judas Thaddeus und zwei Engel. Über allem, von Engeln umgeben, thront Gott Vater.

93 Vor dem wuchtigen backsteingotischen Pfeiler wirkt die zierliche SPÄTBAROCK-KANZEL der Wormditter Pfarrkirche wie ein echtes Schmuckstück. Sie wurde im Jahr 1744 geschaffen. Gebildet aus einem Achteck mit kleinen korinthischen Säulen, zwischen denen in den Feldern und an der Treppe holzgeschnitzt der Salvator mit den vier Evangelisten und den römischen Kirchenlehrern steht. Über dem ebenfalls von korinthischen Säulen und Gebälk eingerahmten Treppenhaus Petrus und Paulus, aus Holz geschnitzt. Fruchtschnüre ziehen sich zwischen den Feldern herab. Der Schalldeckel, schmuckgekrönt, trägt die Gestalt des triumphierenden Erlösers. Kanzel und Hochaltar, denen sich die Seitenaltäre zuordnen, bilden eine Einheit, wie nur selten in einer Kirche anzutreffen.

94 Im Schutze des 1273 neu erbauten Castrum Resel, nordöstlicher Eckpfeiler des Fürstbistums, gründete der Braunsberger Magister Elerus die Civitas Resil, indem er Bürger aus der Umgebung von Braunsberg ansiedelte. 1337 erhielt RÖSSEL vom Domkapitel die Handfeste, in der bereits der Bau der Pfarrkirche Sankt Peter und Paul vorgesehen war. Zwischen 1360 und 1380 baute man die dreischiffige Hallenkirche. Der Turm mußte 1484 neu errichtet werden. Über dem Tal trotzte sie dem Brand von 1806. Den Hochaltar schenkte ihr Fürstbischof Joseph von Hohenzollern.

95 1240 hatte in RÖSSEL an der Stelle einer prussischen Befestigung der Orden bereits eine Burg angelegt. Mit dem Bau des Bischofsschlosses begann Bischof Johann von Meißen 1357, Bischof Heinrich III. Sorbom vollendete ihn 1375. Die Rößeler Burg wurde ein Musterbeispiel der bischöflichen Wehrarchitektur, die sich durch Aufteilung und Leichtigkeit von der des Ordens abhob. Bis 1772 war das Schloß Sitz der bischöflichen Burggrafen, die das Kammeramt Rößel verwalteten. Den Burgbrand von 1807 überlebte der runde Hauptturm auf quadratischem Unterbau in der Nordwestecke mit dem hellen Rundbogenfries und den Schießscharten darüber, der hoch über das Zainetal aufragt und mit seinem spitzen Helm – den man ihm im zwanzigsten Jahrhundert aufsetzte – zum Wahrzeichen der Stadt wurde. Die Burg, von dicken Wehrmauern an den offenen Stellen umzogen, wie auch die alte Pfarrkirche Sankt Peter und Paul sind Herz und Mittelpunkt der ermländischen Stadt, die Augustiner und später Jesuiten zu einer hervorragenden Bildungsstätte ausbauten.

96 FACHWERKBAUTEN in der Stadt Rößel zeugen vom Wohlstand des ermländischen Ackerbürgertums. Das Fürstbistum war ein Bauernland. Weit über die Hälfte seiner Bewohner lebten auf dem Lande von der Erzeugung landwirtschaftlicher Produkte. Aber auch in die Städte hinein fuhren die hochbeladenen Erntewagen; durch ihre Straßen trieb man den Reichtum der Herden. Auch als man zu einer massiven Bauweise überging, da die Holzscheunen bei den zahlreichen Bränden eine Gefahr für die Städte bildeten, behielt man in dem steinarmen Land die Fachwerkbauweise weitgehend bei. Man baute in ihr mehrstöckig und deckte die Dächer mit Ziegeln, errichtete die Bauten auf festen Fundamenten, auf denen sie den Zeiten trotzten. Fremde bewunderten immer wieder die Schönheit dieser Bauweise.

97 Westlich von Bäslack erstreckt sich im Kreis Rastenburg eine von der Natur überaus reich gesegnete Landschaft tiefer Wälder und klarer Seen, in der man zum Andenken an den Sieg des Großkomturs Heinrich von Plotzk über den Litauerfürsten Witen im Jahr 1311 die „vor der Tür des Ermlands" gelegene Wallfahrtskirche HEILIGELINDE erbaute; 1482 als Wallfahrtskapelle mit dem Marienbild auf einem Lindenstumpf erstmals urkundlich erwähnt. Die nahezu unberührte Schönheit der sie umgebenden Natur trägt auf ihre Weise zur Würde der Stätte und zur Freude der vielen Wallfahrer bei.

98 Eine Legende von der HEILIGELINDE berichtet: Zwei spielenden Kindern sei in einer Linde wiederholt die Muttergottes erschienen. Sie beschrieben die Erscheinung einem Maler, der ein Bild danach malte, das man in der Kirche aufstellte. Immer wieder kehrte das Bild in die Linde zurück. Eines der Kinder litt an einer unheilbaren Krankheit. Die Muttergottes gab ihm die Weisung, es solle eine Kirche bei der Linde erbaut werden. Die Kirche wurde um die Linde erbaut, und das Kind genas von seiner Krankheit. Noch heute steht in der nach ihm benannten Kirche der Lindenbaum.

99 In der Mitte der Vorderfront des Umgangs um die Wallfahrtskirche Heiligelinde erhebt sich das 1734 vom Schmied Schwarz in Rößel gefertigte kunstvolle schmiedeeiserne PORTAL mit zwei Seiteneingängen. Es gibt Zugang zur Kirche selbst wie auch zu den vier Kapellen in den Ecken des Umgangs, der von Bischof Szembek gestifteten St. Andreas-Kapelle im Südosten, der vom Großkanzler Szembek geschenkten Kapelle zu den Acht Seligkeiten im Nordwesten, der Dreikönigskapelle der Familie Domler im Nordosten und der Sankt-Adalbert-Kapelle im Südwesten.

100 Die Heiligelinde, 1688 bis 1704 vom Baumeister Georg Ertly aus Wilna im reinsten nachberninischen Barock erbaut, ist bei der Grundsteinlegung 1687 St. Michael und den Heiligen Ignatius und Franz Xaver geweiht worden. Die harmonische Fassade ist zweistöckig angelegt, darüber das vergoldete Kreuz; flankiert von zwei quadratischen Türmen, die 1725 eine welsche Haube erhielten. Über dem Hauptportal die steinerne LINDE mit der Bildsäule der heiligen Jungfrau von 1728. In den Turmnischen Aloysius, Stanislaus Kostka, Franz Xaver, Ignatius, die Apostel Peter und Paul.

101 Auf der Mensa des Heiligelinder Hochaltars steht das 1719 vom Goldarbeiter Samuel Grew reichverzierte Tabernakel. In dem barocken Aufbau befindet sich das große MARIENBILD von Bartholomäus Pens, 1640 gemalt, das schon in der alten Kapelle vorhanden war. Nur die Köpfe der Gottesmutter und des göttlichen Kindes sind sichtbar. Das ganze Bild ist von Samuel Grew 1719 auf byzantinische Art mit Silber verkleidet worden, das aus den Votivtafeln gewonnen wurde. Neben diesem Bild stehen die holzgeschnitzten Figuren des heiligen Johannes des Täufers und des Königs David. Über dem großen Altarbild hängt im ersten Stockwerk ein Ölgemälde der Heiligen Maria, zusammen mit anderen Heiligen; im zweiten Stockwerk eine in Öl gemalte Darstellung der Aufnahme Mariae in den Himmel. Trotz der Fülle der Darstellungen und der sie umgebenden barocken Schmuckelemente bildet der Hochaltar eine geschlossene Einheit.

102 Das vierjochige, dreischiffige Langhaus der Kirche in Heiligelinde mit den hohen Tonnengewölben und den breiten dazwischenliegenden Gurten, in das das Licht durch Stichbogenfenster und Ochsenaugen fällt, ist zur Altarseite hin von einem hohen, zweijochigen Chor abgeschlossen. Zur Rückseite erhebt sich auf zwei geschnitzten korinthischen Säulen das Prunkstück der Kirche, die ORGEL von Johann Josua Mosengel, dem berühmtesten Orgelbauer seiner Zeit, aus dem Jahre 1721. Dem pompösen, goldreichen Anblick entspricht der volle Klang ihrer Register. Himmlische Musik entrückte die Erdenbürger, die zur Lieben Frau mit dem göttlichen Kinde gekommen waren; Musik wurde hier im wahrsten Sinne des Wortes zum Gebet. Sinnvoll schwebt über der Orgel im Strahlenkranze die Darstellung des Heiligen Geistes in Gestalt einer Taube.

103 Ein königlicher HALLENUMGANG zieht sich um die Kirche Heiligelinde, verbindet zugleich die vier Eckkapellen miteinander. Während die Außenseite sehr schlicht, in Blendenarchitektur mit dazwischenliegenden Pilastern, gehalten ist, weist das Innere eine Pfeilerstellung auf mit Rundbogen dazwischen, auf denen das in Korbbogen geschlossene Gewölbe ruht. Dieser Umgang ist in den Jahren 1700 bis 1708 geschaffen worden. Er wurde in jüngster Zeit neu ausgemalt. Er ist Kreuzgang des Klosters, das zur Wallfahrtskirche gehört, dient zur Rekreation und lädt zum stillen Gebet ein. Er ist aber auch den Wallfahrern geöffnet, wenn sie durch ihn von Kapelle zu Kapelle ziehen, um ein Gelübde zu erfüllen, das die Vorväter einst zu Pestzeiten oder in persönlicher Not abgelegt haben und das die Kinder treu halten, dankbar für die Hilfe, die den Ihren einst zuteil ward.

104 Kloster SPRINGBORN im Kreis Heilsberg. Zu einer Marienkapelle kamen schon um die Wende vom 15. zum 16. Jahrhundert Wallfahrer. Auf Grund eines in den Schwedenkriegen abgelegten Gelübdes baute man 1639 bis 1641 eine Wallfahrtskirche, betreut von Bernhardiner-Franziskanerobservanten aus dem Wartenburger Kloster, ab 1672 selbständig. Die heutige Form erhielten Kirche und Kloster ab 1708, von Bischof Theodor Potocki 1716 der Regina pacis geweiht. Das Gnadenbild in der seit 1926 wieder von Franziskanern betreuten Kirche ist eine Kopie der Lukas-Madonna.

105 Eine bescheidene Marienkapelle stand in dem 1349 gegründeten Dorf SPRINGBORN, wenn nicht früher, so doch im 16. Jahrhundert, zu der Wallfahrer kamen. An ihrer Stelle erbaute Bischof Nikolaus Szyszkowski nach den Schwedenkriegen in Erfüllung eines Gelübdes einen Rundbau in versetztem Ziegelwerk und übergab diese „Kirche der Friedenskönigin“ den Wartenburger Franziskaner-Observanten. 1672 entstand ein selbständiges Kloster. Zu Beginn des 18. Jahrhunderts erhielt die 1716 von Bischof Theodor Potocki neu geweihte Kirche ihre heutige Form. Das Gnadenbild im Hochaltar ist eine ölgemalte Mutter mit dem Kinde, beide fast ganz mit vergoldetem Silberblech bekleidet, das mit vergoldeten, getriebenen Blumen verziert ist. Zu beiden Seiten Votivgeschenke. Die Kommunionbank wie die barocke schmiedeeiserne Kanzel mit Treppe sind von demselben Meister geschaffen. In der Kirche werden neben der Friedensfürstin die heilige Anna und der heilige Franziskus besonders verehrt. Nach der Säkularisierung in Preußen und während des Kulturkampfes geschlossen, wird die Kirche seit 1926 wieder von Franziskanern betreut.

106 Auf dem am rechten Drewenzufer oberhalb der Stadt Wormditt um 1350 gegründeten Lehngut KROSSEN stand schon um 1400 eine Marienkapelle, die eine kleine Muttergottesfigur aus Alabaster barg, zu der Menschen wallfahrteten, weil die Legende ihr wundersame Kräfte zuschrieb. 1715 bis 1720 errichtete der Wormditter Baumeister Christoph Reimers die barocke Wallfahrtskirche Mariae Heimsuchung nach dem Muster der Heiligelinde, die mitsamt den Stiftsgebäuden im Ersten Weltkrieg beschädigt, bald darauf umfassend erneuert wurde und bis heute die Wallfahrer anzieht.

107 DIETRICHSWALDE im Kreis Allenstein erhielt seine Handfeste 1352. Bald darauf baute man eine Kirche; ein Pfarrer Sternchen wird schon zu Beginn des 15. Jahrhunderts genannt. Die Kirche war dem Andenken an Mariae Geburt geweiht. 1877 soll die Mutter Gottes mehreren Gläubigen in einem Baum erschienen sein. Menschen, die die Erscheinung auch sehen wollten, strömten herbei; so entstand ein Wallfahrtsort. Auf dem Unterbau des alten Turms errichtete der Paderborner Dombaumeister Güldenpfennig die neue Kirche, einbezogen die Nischen am Eingang der alten Kirche.

108 Recht pompös wirkte das Innere der WALLFAHRTSKIRCHE DIETRICHSWALDE auf die Landbevölkerung, die sich hier vornehmlich zum Gebet zur Gottesmutter versammelte. Der einschiffige Hallenraum gewährte allen Gläubigen einen freien Blick auf den Altar und die Kanzel, die bei den Wallfahrten eine bedeutende Rolle spielte. Der schlichte Altar wurde von der farbenfroh ausgemalten Holzdecke nahezu erdrückt, die alle Blicke anzog und zu der thronenden Mutter mit dem Kinde lenkte, der dieses Gotteshaus, wie die meisten ermländischen Wallfahrtskirchen, geweiht war. Ein Bauer, der fromm nach Dietrichswalde wallfahrtete, soll nach der Rückkehr geäußert haben: „Ich habe einen Blick in den Himmel geworfen."

109 Nicht alle ermländischen Wallfahrtskirchen sind der Lieben Frau geweiht. Eine Ausnahme bildete der dreischiffige barocke Hallenbau zu Stegmannsdorf, nordwestlich von Wormditt. Hier gab nach der Pest von 1709 das ermländische Domkapitel dem Wormditter Baumeister Christoph Reimers den Auftrag, eine Votivkirche zum Heiligen Kreuz zu bauen, die von 1720 bis 1728 errichtet, 1728 von Bischof Szembek geweiht wurde, ausgestattet mit Bildern des Malers Johann Lossau im italienischen Stil. Das Gnadenbild ist ein wunderbares Kruzifix von 1420. Als könnte die Himmelskönigin zu kurz kommen, hat man am Wege zur Wallfahrtskirche eine KAPELLE erbaut, die ihr geweiht wurde und in der ihr Bild aufbewahrt wird. Fromme Pilger machen bei ihr halt, ehe ihr Wallfahrtsweg zum Heiligen Kreuz führt, um für die Errettung der Vorfahren vor der Pest zu danken. Marienkapellen dieser Art findet man an vielen ermländischen Wegen. Nie hat der Ermländer vergessen: Sein Land ist das „Land Unserer Lieben Frau".

110 Zwischen zwei Armen der Alle liegt die 1325 erstmals erwähnte Stadt GUTTSTADT, an der Stelle einer Prussensiedlung in der Gudde – im Gebüsch – erbaut. Sie erhielt ihre Handfeste 1329 von Bischof Heinrich Wogenap nach kulmischem Recht auf den Namen Guthinstat. Die Pfarrkirche, zu Ehren des Allerheiligsten Erlösers und aller Heiligen, von 1357 bis 1392 erbaut, war Kollegiatskirche, ein „halber Dom", der zweitgrößte Kirchenbau im Bistum. Sie diente den fünf Domherren. Zu den Kunstwerken, die das Kollegiatstift besaß, gehörte ein blauer, bebilderter Kachelofen.

111 Da Guttstadt dem „Stift zum heiligen Erlöser und allen Heiligen“, dem einzigen Kollegiatstift des Fürstbistums, seinen Sitz gab, war die von 1357 bis 1392 errichtete Pfarrkirche besonders aufwendig erbaut, so daß sie als Dom oder „halber Dom“ bezeichnet wurde. Sie barg neben dem ihr von Bischof Grabowski geschenkten Hochaltar „nach dem Muster der Domkirche zu Krakau“ am zweiten Pfeiler links vom Hochaltar, dem Muttergottesaltar von 1647 gegenüber, als Altarbild des Trinitätsaltars ein einmaliges Kunstwerk: den GNADENSTUHL. Zwischen zwei jonischen Säulen, unten von Weinlaub umgeben, in Holzschnitzerei die Heilige Dreifaltigkeit: Gott Vater hält mit beiden Händen den Kruzifixus im Schoß; über seinem Haupt in Gestalt der Taube der Heilige Geist – eine ausgezeichnete Schnitzarbeit, um die Wende vom 15. zum 16. Jahrhundert aus der Werkstatt des Veit Stoß oder unter deren Einfluß geschaffen. Im Obergeschoß drei aus Holz geschnitzte Heilige, als Krönung der Heiland mit dem Kreuz.

112 Zur mittelalterlichen Stadtbefestigung der Stadt Guttstadt gehörte der STORCHENTURM, später Wahrzeichen der Stadt. Er wurde im 15. Jahrhundert erbaut; auf seinem Kegeldach bauten Störche ihr Nest, dem sie bis heute treu geblieben sind. Es ist ein runder Turm im gotischen Verband, mit Mönchen und Nonnen gedeckt, von dem sich die Stadtmauer nach Nordosten erstreckte, in deren Südwestecke der „Dom" und das Kollegiatstift standen. Die Stadtmauer war aus Feldstein errichtet, darüber Ziegel im meist gotischen, bisweilen wendischen Verband. Überall bildete sie die Hinterfront von Häusern, die, meist im wendischen Verband, darauf standen. Tore und Türme waren im Laufe der Jahre verschwunden. Die Stadt war von den Söldnern des Ordens, den Schweden, den Russen und Franzosen mehrfach heimgesucht worden.

113 Eine Wegstunde südwestlich von Guttstadt liegt der Wallfahrtsort GLOTTAU, hervorgegangen aus einer prussischen Opferstätte auf einem Hügel über dem Tal des Quehlbachs. Glottau war von 1343 bis 1347 Sitz des einzigen Kollegiatstiftes des Ermlands. Die Kirche, mit einer Mauer umgeben, in deren vier Ecken sich Kapellen befinden, liegt über dem Kalvarienberg, der sich mit lebensgroßen Darstellungen der Passion Christi aus dem Talgrund auf die Anhöhe zieht. Die Bilder der Passion sind in gotischen Kapellen untergebracht, vor denen die Wallfahrer andächtig verweilen.

114 Neben dem Wildhaus Wartebergk am Wadangsee wird 1336 erstmals die Siedlung WARTENBURG erwähnt. Beide wurden 1354 von den Litauern dem Erdboden gleich gemacht. Bischof Johann Stryprock verlegte den Ort eine Meile ostwärts und erteilte dem Lokator Heinrich von Leys – einem Bruder des Allensteiner Lokators – 1364 die Handfeste nach kulmischem Recht. Bald darauf baute man die Pfarrkirche zur heiligen Anna; sie war in die Stadtbefestigung einbezogen. Die dreischiffige chorlose Hallenkirche stand 1400 vollendet, nur den massigen Westturm erhielt sie hundert Jahre später. 1449 erneuerte Bischof Franz Kuhschmaltz die Stiftung einer Vikarie an der Pfarrkirche. 1337 wird bereits ein Pfarrer Heinricus erwähnt. Die Kirche brannte 1594 und1798 aus, wußte aber ihr Äußeres bis heute zu bewahren. Nur die welsche Turmhaube stammt aus jüngster Zeit.

115 In der Nähe des größten ermländischen Sees, des Dadeysees, liegt an der Dimmer die jüngste der zwölf Städte des Fürstbistums: BISCHOFSBURG. 1395 gab ihr Bischof Heinrich III. Sorbom die Handfeste nach kulmischem Recht. Es ist eine im Verlauf der Geschichte von Kriegen und Bränden schwer heimgesuchte Stadt. 1580 bauten die Bürger die dem heiligen Johannes, dem Täufer, geweihte Pfarrkirche, deren 1721 vollendeter massiger Turm sich stumpf zum Himmel erhebt. Neben Ackerbau und Viehzucht betrieben die Bischofsburger den Leinen- und Garnhandel. Leinenweber aus der Lausitz waren hier seßhaft geworden. Die jährlichen Leinenmärkte zogen sich über acht Tage hin. Bischofsburg war – und blieb – die Kreisstadt des Kreises Rößel.

116 An der Simser, im Kreis Rößel, liegt die vom Bistumsvogt Heinrich von Luter zu Beginn des 14. Jahrhunderts angelegte Stadt SEEBURG. Siedler, die den Rand der „Großen Wildnis" vor den Litauern schützen sollten, waren aus Wormditt hierher gekommen. Die Stadt erhielt ihre Handfeste 1338 nach kulmischem Recht. Die Burg, von Bischof Johann von Meißen um die Mitte des 14. Jahrhunderts erbaut, war nach Heilsberg die stärkste und hatte den höchsten Turm im Fürstbistum. Die Pfarrkirche, gegen Ende des 14. Jahrhunderts auf einem Feldsteinsockel als dreischiffige, chorlose Hallenkirche erbaut, dem heiligen Bartholomäus geweiht, 1912 erweitert, der Turm erhöht, hat die Zeiten überstanden, während die Burg 1783 einem zündenden Blitz zum Opfer fiel und danach als Steinbruch für den Wiederaufbau der Stadt diente.

117 BISCHOFSTEIN war die einzige Stadt im Fürstbistum, die sich aus einem Dorf, der Siedlung Strowangen, entwickelt hat. Bischof Heinrich III. Sorbom gab ihr 1385 das Stadtrecht und den Namen nach einem gewaltigen Findlingsblock in der nächsten Umgebung, dem „Griffstein". Sie erhielt im Verlauf der Jahre drei weitere Handfesten. Von der Befestigungsanlage, zu der ursprünglich drei Tore gehörten, blieb nur das Heilsberger Tor erhalten. Zu ihm gehörte ein Wiekhaus, ein Torschreiberhäuschen. Es hat eine 5 m breite spitzbogige Öffnung und zwei Nischen im Erdgeschoß.

118 Beiderseits der Alle liegt in wald- und seenreicher Hügellandschaft die größte Stadt des Ermlands, ALLENSTEIN. 1353 vom Domkapitel gegründet, einst dessen Verwaltungszentrum, 1772 von Preußen besitzergriffen, im zwanzigsten Jahrhundert Sitz eines Regierungspräsidenten, stieg sie zum wirtschaftlichen und kulturellen Mittelpunkt Südostpreußens auf. Ihr ermländischer Charakter vermischte sich mit dem einer preußischen Beamten- und Soldatenstadt; neben den alten Bauten aus dem Mittelalter entstanden im 20. Jahrhundert zahlreiche repräsentative Verwaltungsgebäude.

119 Das SCHLOSS des ermländischen Domkapitels in Allenstein, vor 1353 als Wehrburg angelegt, mußte als Sitz des Kapiteladministrators der Verwaltung, zugleich aber auch zur Verteidigung gegen feindliche Überfälle dienen. In der Westecke des Hofes stand der über einem quadratischen Grundriß errichtete Hauptturm, zunächst drei Stockwerke hoch – mit je einem überwölbten Raum. Als gegen Ende des 14. Jahrhunderts die Feuerwaffen aufkamen, wurde er zusammen mit den Flügeln höher geführt; dabei ging man zu einem kreisförmigen Grundriß über, der eine günstigere Anordnung der Schießscharten zuließ. In den oberen Geschossen, die Zugang zum nordwestlichen Wehrgang gewährten, erhielt der Turm eine Wächterwohnung mit Feuerstätte und Dansker. Die spitze Haube mit der Wetterfahne stammt aus dem zwanzigsten Jahrhundert. Hoch über die Stadt aufragend, wurde der Schloßturm zu ihrem Wahrzeichen.

120 Zu den schönsten Partien des Allensteiner Schlosses zählt der LAUBENGANG am Nordostflügel, der zweigeschossig angelegt ist. Im Erdgeschoß nehmen Fenster und Türen nur den Raum ein, der von der Zweckmäßigkeit geboten erscheint. Das Obergeschoß ist großzügig durch zehn Spitzbogenöffnungen gegliedert, die früher unverglast waren und dadurch noch wuchtiger erschienen. Im Innern haben die Kellerräume Kreuzgewölbe, die Remterräume im ersten Geschoß Stern- und Zellengewölbe. Die Obergeschosse bergen Speicher unter dem schräg abfallenden Dach.

121 Im REMTERGESCHOSS des Nordostflügels der Domkapitelburg zu Allenstein befanden sich die Wohn- und Amtsräume des Kapiteladministrators. An die Amtsräume schloß sich der „Saal" an, der zu größeren Empfängen diente. Bis zum 16. Jahrhundert befand sich auch die der heiligen Anna geweihte Schloßkapelle im Nordostflügel; später in den Südwestflügel verlegt. Von Martini 1516 bis Martini 1519 und vom November 1520 bis zum Juni 1521 wirkte Nicolaus Coppernicus hier als Landpropst. In diesen Räumen lebte und arbeitete er. Über dem Kamin in der Arbeitsstube war ein Vers des Aeneas Sylvius Piccolomini geritzt, den Coppernicus zu seiner Grabinschrift ausgewählt hatte: „Non parem Pauli gratiam requiro Veniam Petri neque posco, sed quam In crucis ligno dederas latroni Sedulus oro." In preußischer Zeit wurde in der Remteretage des Schlosses das Heimatmuseum eingerichtet, das eine Reihe Erinnerungsstücke barg. Auch heute ist sie Museum.

122 Im Allensteiner Schloßhof steht ein „jüngerer Mann“, 1,25 m groß, auf einem 25 cm hohen Podest: Kopf und Schultern gleich breit, das Gesicht ausdrucksvoll, die Arme in überschlagener Haltung. Die Füße sind nur angedeutet, treten unter einer Art Gewand hervor. Vielleicht stand diese Figur einen Viertelmeter in die Erde eingelassen. Der junge Allensteiner Babe hat nur eine Andeutung von Bart, daraus schließt man auf einen Jüngling. BABEN sind Monolithe aus rötlichem Granit, die in einer Art Flachrelieftechnik zu menschlichen Gestalten geformt wurden. Sie gelten als prussische Skulpturen aus der Zeit vor dem Eintreffen des Deutschen Ritterordens. Sie sind der Beweis dafür, daß die Prussen ein kultiviertes Volk waren und sich als künstlerisch begabt erwiesen, auch wenn alle anderen Kunstäußerungen von ihnen verloren gingen. Vielleicht waren die Baben Göttergestalten der Prussen. Da die Ausmaße der Findlingsblöcke die Größe der menschlichen Gestalt kaum überschritten, deutet vieles darauf hin, daß hier zum ersten Male auf prussischem Boden menschliche Wesen getreu dargestellt wurden.

123 Nach einer Inschrift an der rechten Chorseite wurde der Grundstein zur Allensteiner PFARRKIRCHE, dem heiligen Jakobus geweiht, dessen Bild auch das Stadtwappen ziert, 1315 gelegt. Als erster Pfarrer ist Johannes Runge, 1452 bis 1458, bekannt. Die Kirche ist 58 m lang, 25 m breit und 15 m hoch. Ihr massiger Turm, in den Untergeschossen mit farbigen Glasursteinen verziert, wächst zwischen zwei späteren Anbauten 67 m empor. Er wurde im 16. Jahrhundert erbaut. Verschiedene Spender stifteten dazu 43 500 Ziegel. Die Kirche war 1592 vollendet. Der goldene Stern, der die Spitze schmückt, war ein Geschenk des Bürgermeisters „zur Ehre Gottes“. Die fünf Glocken, die der Turm birgt, waren in Allenstein gegossen. Die St. Jakobikirche ist trotz der mannigfachen Großbrände, die die Stadt heimgesucht haben, wie durch ein Wunder stets unversehrt geblieben. Heute ist sie Kathedrale des Bistums.

124 Der dreischiffige Hallenbau ohne Chor und Querschiff, zur Altarseite hin gerade abgeschlossen, die Allensteiner ST. JAKOBI-KIRCHE, zählt zu den schönsten backsteingotischen Kirchen des Ermlands. Mittelschiff und Seitenschiffe sind durch zehn glatte, achteckige Pfeiler und vier Halbpfeiler voneinander getrennt, auf denen spitzbogige Arkadenbögen aufsitzen. Die Gewölbe aus dem 16. Jahrhundert, das flache Kuppelgewölbe im Mittelschiff, schmückend mit engmaschigem Rippennetz belegt, wie auch die Zellengewölbe in den Seitenschiffen sind an den Anfängen mit buntbemalten Köpfen von Königen, Bischöfen und bärtigen Männern geziert. 1866 besaß die Kirche zwölf Altäre. Ein Schmuckstück ist der überlebensgroße Kruzifixus, der über der Kommunionbank zwischen zwei Pfeilern vom Deckengewölbe herabhängt. Der doppelseitige Marienleuchter wie auch ein Hirschkopfleuchter mit dem Geweih eines Sechzehnenders, der bei einer Jagd einst in die Kirche geflüchtet war, gehören zu den kostbaren Schmuckstükken des Gotteshauses.

125 Bis zur Mitte des 17. Jahrhunderts hatte die St. Jakobikirche in Allenstein einen gotischen Hochaltar, der durch einen dreistöckigen Schnitzaltar eines Elbinger Bildhauers ersetzt wurde. Der heutige HOCHALTAR wurde bei Rotermundt in Nürnberg in Auftrag gegeben, ein Flügelaltar mit plastischem Bildschmuck. Das Mittelstück enthält Kain und Abel, das Opfer des Melchisedech, den Stall von Bethlehem, die Kreuzigungsgruppe, das heilige Abendmahl, die Jünger zu Emmaus, die Opferung Isaaks und das Sammeln des Manna. Über dem Tabernakel die Kreuzigungsgruppe mit der heiligen Dreifaltigkeit, flankiert von zwei Engeln. Im großen Glasfenster Maria auf der Weltkugel.

126 Bis ins 18. Jahrhundert hinein hatten die Allensteiner Bürger ihre Häuser meist aus Holz erbaut: Block- oder Fachwerkbauten. Die Feuergefahr, die vor allem durch die Rohr- und Schilfdächer entstand, mußte gebannt werden. So ging man zur Steinbauweise über. Nach einheitlicher Planung des Domkapitels wurden um den Markt nach schlesischem Vorbild die LAUBENHÄUSER angelegt. Die Tiefe der Lauben betrug 4 m, Haustiefe 16 m. Die ältesten Lauben hatten Spitzbogen. Häuser standen mit dem Giebel zur Straße, ihre Eigentümer waren wohlhabende Kaufleute.

127 Von der mittelalterlichen Befestigung Allensteins steht neben der Burg und einigen Mauerresten nur noch das HOHE TOR, ein Ziegelrohbau im gotischen Verband. Die Durchfahrt nimmt das ganze Erdgeschoß ein, darüber in einer geschlossenen Nische ein Muttergottesbild. Daß dieses Tor erhalten blieb, verdankt es König Friedrich Wilhelm IV. Schmucke Bürgerhäuser aus neuerer Zeit verraten, daß die Altstadt auch in der Begegnung von alter und neuer Bauweise ihr Äußeres harmonisch zu erhalten wußte. Zwei Tore haben, wie die Stadtmauern, die Zeiten nicht überstanden.

128 Am Jahrestag des Gründungsprivilegs der Stadt Allenstein (1912) wurde der Grundstein zum NEUEN RATHAUS gelegt: ein Findling aus altersgrauer Zeit. Im Februar 1915 konnte der Bau bezogen werden. Dreigeschossig wächst er, auf dem alten Friedhof vor der Stadt angelegt, über die Nachbarhäuser hinaus. Besonderer Wert wurde auf seine repräsentative Fassade gelegt. In der Baugliederung des Turmes zeigt sich eine Anlehnung an Krakau, in der Anlage des Russenerkers an Rothenburg o. d. T., doch stets in besonderer Eigenart. In der Allensteiner Stadtgeschichte heißt es: „Als Werk friedlichen Bürgerfleißes war der Bau gedacht, und doch hat der Krieg ihn aus der Taufe gehoben". Der Krieg gab ihm weitgehend die schmückenden Elemente. Im Stil deutscher Renaissance erbaut, steht er auf hohem Sockel aus schlesischem Sandstein. Hohe Giebel und Erker verraten die Tradition. Das Neue Rathaus hat den Zweiten Weltkrieg heil überstanden, nur der Russenerker wurde umgestaltet. Es blieb ein Zeugnis emsigen Bürgerstolzes.

129 Die ALLE, der größte Nebenfluß des Pregels, war zugleich der bedeutendste Fluß des Ermlands. Er durchkreuzte das Bistum von Süden nach Norden hin, betrat es etwa an der Südspitze des Lansker Sees, durchfloß die Stadt Allenstein, deren Burg an ihrem Ufer angelegt war, führte am Sommersitz der Fürstbischöfe, Schmolainen, vorbei, tangierte unterhalb Guttstadt das Kollegiatstift und verließ über Heilsberg, nach Zufluß der Simser, das Bistum in Richtung der ehemaligen Prussenburg Capostete bei Bartenstein. Beliebt bei Malern war als Motiv das gewundene Alleknie.

130 Das idyllisch gelegene Dorf GROSS BERTUNG im Kreis Allenstein erhielt 1363 unter dem prussischen Namen Bertingk vom Domkapitel die Handfeste. Ganz in der Nähe lag das Kammeramt Klein Bertung mit einer Burg von 1341, später nach Allenstein verlegt. Die Kirche muß bei Gründung des Dorfes schon gestanden haben; 1348 wird ein Pfarrer Ditharus genannt. Sie war dem Evangelisten Johannes geweiht. Nach einem Brand wurde sie 1742 durch einen Ziegelbau im gotischen Verband mit klotzigem, dreistöckigem Turm ersetzt, der später eine welsche Haube erhielt.

131 Überall schimmerte es blau zwischen den Bäumen, wenn man durch die ermländischen Wälder ging. Durch die Kronen hindurch sah man den Himmel, zwischen den Stämmen die blauen Seen, wie hier am WADANGSEE im Kreis Allenstein. Masuren war das Land der tausend Seen, doch auch der Landkreis Allenstein konnte es mit dieser Landschaft aufnehmen. Er besaß nicht weniger als 95 Seen mit einer Grundfläche von 6289 ha. Jeder See hatte seinen Namen, auch der kleinste, den zuweilen nur die angrenzenden Dorfbewohner kannten; jeder See war der schönste.

132 Der WULPINGSEE bei Darethen im Kreis Allenstein bot mit seinen bewaldeten Ufern ein malerisches Bild. Beliebtes Ausflugsziel war er vorzugsweise dank der hügeligen, waldüberzogenen Herta-Insel, auf der sich eine gepflegte Gaststätte mit einer Logiermöglichkeit befand. Am Himmelfahrtstage war er Ziel der Herrenpartien. Man erreichte die Insel von Darethen aus mit dem Boot. Die Allensteiner feierten auf der Insel bei besonderen Anlässen Familienfeste; große Freude bereiteten die Ausflüge zur Herta-Insel den Kindern, hauptsächlich der Bootsfahrt wegen.

133 Das „Land der dunklen Wälder“ ist nicht nur in Masuren zu suchen. Auch im Ermland, wie hier bei GROSS BUCHWALDE, trifft man ausgedehnte Waldgebiete an, steht man vor mächtigen Stämmen und schier undurchdringlichen Waldpfaden. Der große Buchenwald mutet fast wie ein „Urwald“ an, versetzt in prussische Zeiten, da der Deutsche Ritterorden und die siedelnden Bischöfe des Ermlands vor der „Großen Wildnis“ zögernd halt machten, in der sie einen natürlichen Schutz gegen vordringende Feinde sahen, fester und sicherer als die ersten Holzburgen, die man damals baute. Der Holzreichtum zeigte sich später, als man zu roden und zu siedeln begann. Doch bis in die jüngste Zeit ist, wie hier im Buchenwald, etwas vom Hauch der Vergangenheit geblieben, von der Schönheit der sich frei entfaltenden Natur.

134 Typisch für das herbstliche Land: die Hocken auf dem Feld, wie hier bei KLAUKENDORF im Kreis Allenstein. Bischof Heinrich von Neisse und Hermann von Prag hatten schon im 14. Jahrhundert bäuerliche Siedler aus ihrer schlesischen und böhmisch-mährischen Heimat ins Land geholt. Die prussischen Bauern erhielten kulmisches Recht; hier gab es keine Leibeigenschaft. Im Gegensatz zum Ordensland, dem Land der Rittergüter, war das Ermland ein Bauernland, nur 12 v. H. des Bodens gehörte bis 1772 dem Adel; die letzten Güter verschwanden, sie gaben freien Bauern Raum.

135 Der fruchtbare Boden unter dem weiten Himmel, am Rande der schattenspendende Wald östlich des Lansker Sees, mögen dem Domkapitel Anlaß gegeben haben, den Stammesprussen Dibiken und Kninken 1412 die Handfeste für die dörfliche Siedlung WUTTRIENEN zu geben. So entstand das südlichste Dorf des Ermlands, die Grenzstation, in der die Bischöfe auf dem Wege nach Warschau verweilten. Dank seiner Lage „am Ende der Welt" blieb das Dorf von Kriegen weitgehend verschont. Um 1500 kamen Siedler aus Masowien hierher, angelockt von der Verheißung fetter Felder.

136 In einem Landstrich, der vor sechs Jahrhunderten unter Bischof Heinrich III. Sorbom besiedelt wurde, zwischen Rößel und Heilsberg, nahe BISCHOFSSTEIN, liegt diese beiderseits von alten Bäumen gesäumte schmale Straße, auf der heute noch Wagen in beiden Richtungen verkehren. Zwischen fruchtbaren Feldern und saftigen Wiesen fuhren hier jahrhundertelang die Gespanne der Bauern, die Kutschen der Ackerbürger, ritten die Boten des Bischofs, fuhr die Post des Domkapitels, hüpften später die ersten Autos und Motorräder, fuhren die Menschen auf Fahrrädern oder wanderten Jugendliche, trieb der Hirte seine Herde entlang. Schatten spendeten die alten Bäume Großeltern und Eltern, die diese Wege passierten, nicht nur hier, sondern im ganzen Ermland, in dem Laub-, zuweilen auch Obstbäume die Wege und Straßen säumten, Schatten spendeten und den Dürstenden erquickten.

137 Nicht nur die massigen backsteinernen Kirchtürme sind typisch für das Ermland. Man findet bisweilen an Dorfkirchen auch schmucke Holztürme wie hier in FREUDENBERG im Kreis Rößel. Vogt Heinrich von Luter hat dieses Vrödemberg 1362 gegründet und ihm die Handfeste erteilt. Pfarrer Kranch hat hier 1480 gewirkt. Die Kirche, dem heiligen Georg, dem Beschützer vor der Pest geweiht, stammt aus dem frühen 15. Jahrhundert – ein gefugter Ziegelbau im gotischen Verband mit einer später bemalten Holzdekke. Vorgebaut der sich verjüngende Holzturm mit achteckiger Spitze. Ein Spitzbogeneingang führt von ihm ins Langhaus. Die Kirche besitzt ein Ölgemälde des heiligen Georg von Joseph Korzeniewski und als Mittelbild eines Flügelaltars eine Madonna auf der Mondsichel, darüber deren Krönung durch die drei göttlichen Personen.

138 Schlicht und unscheinbar waren die Dorfkirchen zuweilen im Innern. Doch stand man vor ihnen, bot sich ein prächtiges Bild, wie hier in KIWITTEN im Kreis Heilsberg. Das Dorf wurde 1308 gegründet und 1311 von den Litauern stark zerstört. Seine Handfeste erhielt es erst 1319. Die Kirche war einschiffig, von 1350 bis 1370 auf einem Feldsteinsockel erbaut, mit kleiner Sakristei und Kapelle. Doch der durch Blenden reich gegliederte Turm, der siebenteilige Ostgiebel und zwei Staffelgiebel am Walmdach des Turms konnten sich durchaus sehen lassen. Hier war Pfarrer Herbardus 1382 Seelsorger gewesen.
An den Einfall der Litauer 1311 erinnerte der „Tod von Kiwite“, kein gewöhnliches „memento mori“, sondern ein echter Sensenmann auf der Kirchenmauer über dem Friedhofseingang. „Er sieht aus wie der Tod von Kiwite“, sagte man von elenden Menschen im ganzen Land.

139 Mächtige Dorfkirchen fand man im Bistum vielerorts wie hier in SANTOPPEN im Kreis Rößel. Man baute nicht für die Dorfbewohner, sondern zur höheren Ehre Gottes. Das Dorf, nach seinem Gründer Santop benannt, erhielt 1337 die Handfeste. Bischof Hermann und sein Domkapitel übergaben die dem heiligen Jodokus geweihte Kirche 1343 dem Frauenburger Dom. Der Unterbau besteht aus Feldstein mit kleinen Zwickern, darüber ein gefugter Ziegelbau im gotischen Verband. Spitzbogige Blenden zwischen übereck gestellten Pfeilerchen geben Turm und Ostgiebel die wuchtige und doch verspielte Schönheit. In der Kirche befand sich der Jodokusaltar mit Szenen aus dem Leben des Heiligen, 1780 im Rokokostil geschaffen, 1799 weiter ausgestaltet, einer der wertvollsten Altäre des Bistums.

140 TIEDMANNSDORF im Kreis Braunsberg erhielt mit der Handfeste von 1296 die Auflage zum Bau einer Kirche. Neu errichtet, weihte Bischof Kromer sie 1582 der Heiligen Dreifaltigkeit und der Jungfrau Maria. 1719 legte Weihbischof Kurdanowski den Grundstein zu einem dritten Bau, den er 1721 weihte. Durchweg aus Ziegeln im Blockverband erbaut ein Langhaus von drei Rundbogenfensterachsen nebst hohem Chor mit zwei durch Ochsenaugen erleuchteten niedrigeren Anbauten, der eine Sakristei, der andere Taufkapelle. Über dem Langhausgiebel eine Wetterfahne mit einem Eichkätzchen im Familienwappen, über dem Chorgiebel ein schmiedeeisernes Kreuz mit dem Labarum. Die Wetterfahne auf dem Turm verweist auf das Jahr 1719.

141 Das Ermland ist nicht nur ein Land der „großen" Kirchen, sondern auch der Wegkreuze und Wegkapellen. Besonders nach der Großen Pest zu Beginn des 18. Jahrhunderts entstanden solche an allen Straßen und Wegen, wie hier im Dorf GROSS KÖLLEN im Kreis Rößel. Sie luden nicht nur den Wanderer zu einem stillen Gebet ein, sondern mahnten meist an die Gelübde, die Urväter und Väter abgelegt hatten, als die große Seuche das Land heimsuchte. Pest, Cholera, selbst Heuschreckenplagen – das Fürstbistum blieb von nichts verschont. Ein Gelübde lag auch den meisten Wallfahrten zugrunde, die durchs Land zogen und an den Wegkapellen verweilten, um ein Geheimnis des Rosenkranzes zu beten, um die Gottesmutter um ihre Hilfe zu bitten, wenn Nöte oder Sorgen einen plagten oder wenn die Ernte zu verregnen drohte.

142 Was wäre ein Bauernland ohne Mühlen? Im Ermland gab es, je nach der Lage, Wind- oder Wassermühlen. Eine der stolzesten Windmühlen, die bis heute erhalten blieben, steht in der Nähe des Rittergutes BANSEN im Kreis Rößel, nahe der Bahnstation Bergenthal. Das Fürstbistum war an großen Gütern nicht so reich wie das Herzogtum Preußen, das für die häufigen Kriegsfälle auf die Großgrundbesitzer angewiesen war. Nachdem es zu Preußen kam, verlor es auch seine letzten großen Güter. Eine Mühle wie diese konnte sich ein gewöhnliches Dorf kaum leisten, hier war man auf die Großzügigkeit eines Gutsherrn angewiesen, die den Schloßherren von Bansen, die in einem prächtigen Park residierten, lobend nachgesagt wird.

Das Ermland im Herzen Ostpreußen

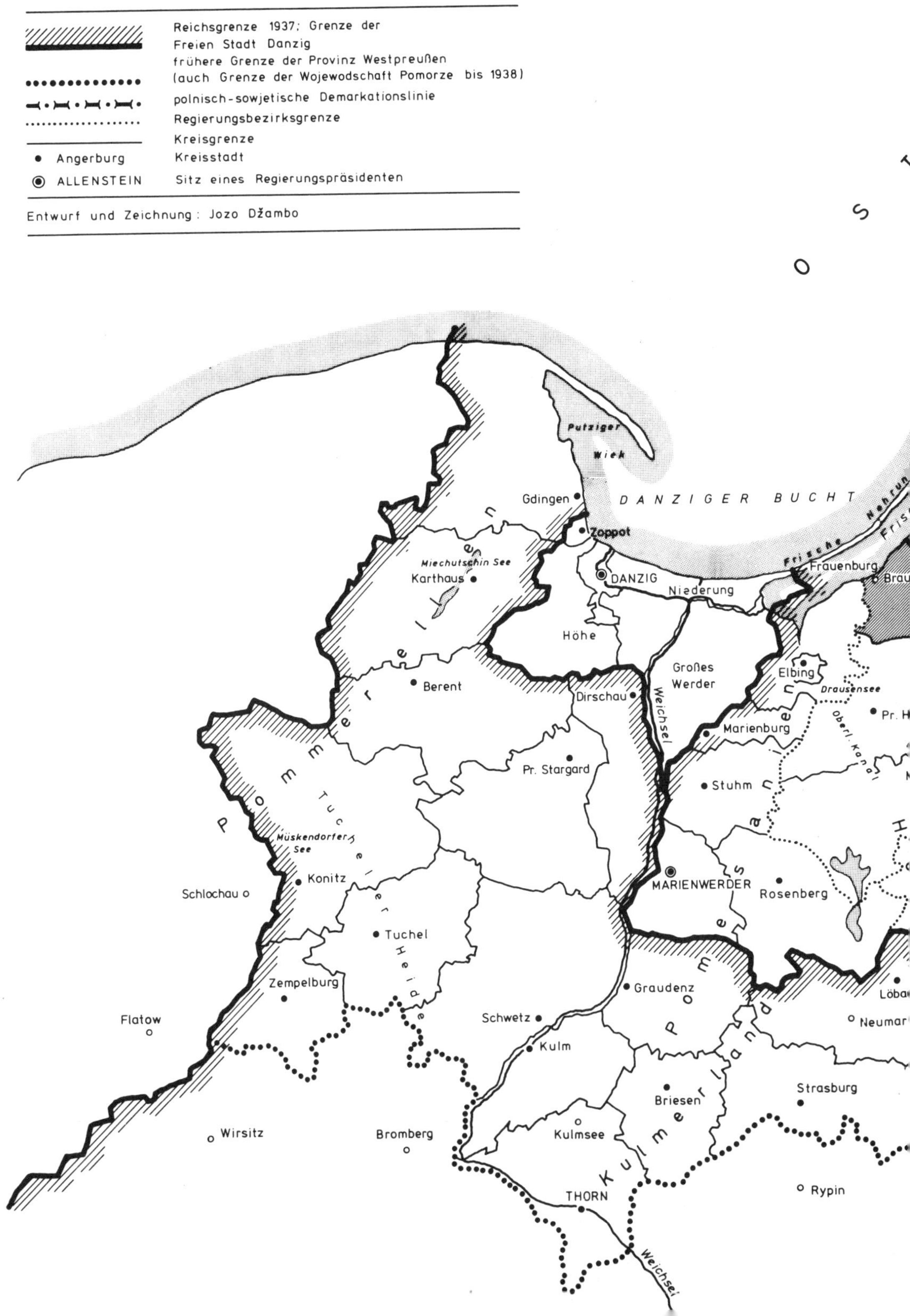

144 In einem Bauernland ist der Bauer der wahre König – auch wenn der ermländische Bauer es zuweilen schwer hatte. „Residenzen“ – wie dieses ermländische BAUERNHAUS, das sich heute im Ethnographischen Museum in Hohenstein befindet – legen Zeugnis ab von einer großen Zeit freien Bauerntums. Es lebte sich „wohl unterm Hirtenstab der Fürstbischöfe“, frei von allzu drückender Abgabenlast, die erst spätere Zeiten mit sich brachten. Solche Bauernhäuser konnte nur ein Volk bauen, in dessen Welt auf der sozialen Stufenleiter der Bauer hinter dem Pfarrer stand.

143 Geblieben sind Landschaft und NATUR... Dieses Wort bewahrheitet sich in aller Anschaulichkeit in der Umgebung von Braunsberg. Die Stadt ist dem Zweiten Weltkrieg weitgehend zum Opfer gefallen, Kirchen und andere Gebäude sanken in Trümmer. Wie eine heile Welt mutet das Land ringsum an, in dem friedliche Bauerngehöfte schlummern, Kühe wie eh und je friedlich auf der Weide grasen. Manches Bild täuscht einen Wohlstand vor, den es heute nicht mehr gibt; doch rufen diese Bilder Erinnerungen an eine glückliche, unbeschwerte Kindheit und Jugend wach.